MEESTER MARK

De grappigste TAALFOUTJES uit de klas

Colofon

Kijk ook op:
www.winkelvanmeestermark.nl
www.ploegsma.nl

Tweede druk 2021
ISBN 978 90 216 8261 7 / NUR 372

Agent auteur: Kajsa Blomberg, kbizz creative talents

Vormgeving: Buro Blikgoed, Haarlem

MIX
Papier van verantwoorde herkomst
FSC® C014767

Uitgeverij Ploegsma drukt haar boeken op papier met het FSC®-logo.
Zo helpen we waardevolle oerbossen te behouden.

MARK VAN DER WERF

MEESTER MARK

De grappigste TAALFOUTJES uit de klas

UITGEVERIJ PLOEGSMA, AMSTERDAM

Inhoudsopgave

INLIJDING

Naar welk land ga jij op vakantie? 'Kroowaatsieje.'

En heb je veel problemen? Dan zit je 'echt in de kanarie'.

De titel van dit Meester Mark-boek zegt het al, het zit bomvol gloednieuwe taalfoutjes. De meeste zijn nog nergens anders te zien geweest.

Ik spaar ze al een paar jaar en beschik intussen over een rijke collectie. Met dank aan talloze juffen en meesters uit alle hoeken en gaten van Nederland én Vlaanderen. Want zij pluizen elke dag de schriften en werkboekjes van hun leerlingen voor mij uit. Ook ouders doen fanatiek mee.

Met hun telefoon maken ze een foto van een ontroerend briefje, een grappige dictee-instinker, of een vergissing tijdens de Engelse les.

Voor dit boek heb ik de allerleukste taalfoutjes uit de klas eruit gepikt. Ik ben er eens extra goed voor gaan zitten. In elk hoofdstuk staat een thema centraal. Vaak is dat een onderwerp waar kinderen graag over schrijven. Zoals hun lievelingsdieren, het eten en drinken dat ze het lekkerste vinden en hun favoriete vakantielanden.

Ik blijf erom lachen én leer er nog altijd van. Daarom sta ik in dit boek ook stil bij wat ik van al die 'kinderlogica' heb opgestoken. Dat leerlingen onomwonden zeggen waar het op staat, bijvoorbeeld. Maar ook dat ze zeker niet vies zijn van een leugentje om bestwil.

Door al die creatieve uitglijders met d's, t's, de 'f' en de 'v' weet ik dat fouten maken erbij hoort. Ik probeer dat mezelf ook op het hart te drukken: doe je best, maar wees niet té perfectionistisch. Verwacht niet dat je alles meteen kunt.

Zelf maak ik eens in de zoveel tijd ook een flinke taaluitgleider. Of eh, taaluitglijder bedoel ik!

Inderdaad: Vooral met 'ei' en de 'ij' ga ik af en toe de mist in. Alerte lezers zagen dat natuurlijk direct toen zij met het lezen van deze 'inlijding' begonnen.

Op Facebook en Instagram regent het vaak reacties als ik een taalfoutje deel. Een leerkracht die het waagt om een rode streep door een antwoord te zetten, krijgt tegenwoordig direct de wind van voren. Tja: niet alleen leerlingen zijn mondiger geworden, hetzelfde geldt voor hun vaders en moeders. Ook dát heb ik geleerd van al die kinderlogica.

Houd het hoofd koel, druk ik mijn 'volgers' op het hart als ze elkaar weer eens virtueel in de haren vliegen. Relativeer een beetje. En geniet gewoon van al die taalfoutjes!

Dáár gaat het mij uiteindelijk om, ook in dit boek.

Doe het cadeau, of lees het lekker zelf. Leg je telefoon weg, klap die laptop dicht en begin te bladeren. Dan weet ik zeker dat jullie er net als ik van zullen smullen!

Mark van der Werf

FERKIRNG

Een paar jaar geleden verruilde ik mijn huurwoning in het centrum van de 'grote' stad Utrecht voor een schommelende woonboot in een piepklein dorpje. Dobberend tussen futen en meerkoeten, schoof ik één verhuisdoos zo ver onder een bureau, dat hij grotendeels uit het zicht verdween. Daar bleef hij jaren staan.

Toen onze kater onlangs de doos ontdekte en het karton vakkundig met zijn nageltjes begon te slopen, besloot ik toch maar eens te kijken wat er ook alweer in zat. Zo redde ik een dikke stapel oude agenda's uit zijn klauwen, en ook een versleten vriendenboekje uit de jaren '80.

'Ik houd helemaal niet van: Sokolade melk', bekent mijn klasgenoot Michiel uit groep 7 daarin. Vincent kijkt op tv het liefst naar 'Knigt Rider' en de tophit van Jeroen is 'The fainel countdaun.'

Marjoleine wil later 'shauhardess' worden. En verrek, wat staat daar nou: 'Het meest houd ik van: Mark van der Werf.'

'Hi hi ha ha,' staat eronder. Maakte ze maar een grapje? Verkering hebben wij – als ik het me goed herinner – in elk geval nooit gehad. Op de basisschool stelde mijn liefdesleven bar weinig voor, al is dat later gelukkig allemaal goed gekomen.

Er zijn zat kinderen die wél vurige schoolplein-romances beleven. Lees de briefjes in dit hoofdstuk maar. Daar vliegen de vonken vanaf! Zoals in elke stormachtige relatie slaat soms de twijfel toe. Dan is het de hoogste tijd om opheldering te vragen: 'Hebe we nog ferkirng? Ja of nee?'

Maar Britt uit groep 4 is zeker van haar zaak: 'Liefe Tycho', schrijft ze, 'je bent de beste frient die een mijsje kan wensen.'

Dit meisje van 9 jaar heeft ambitieuze plannen.

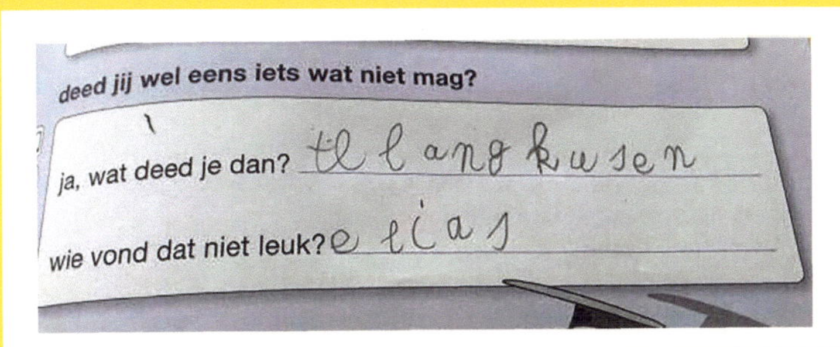

Arme Elias!

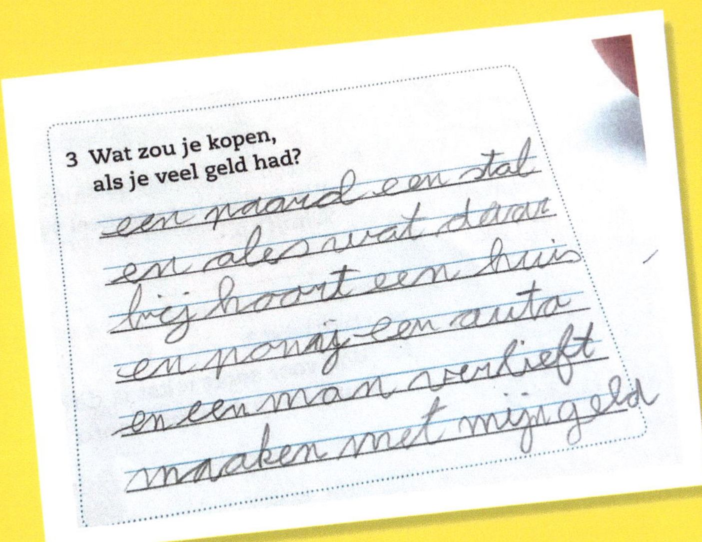

Een paard, een stal, een huis, een pony én een man - geld moet rollen.

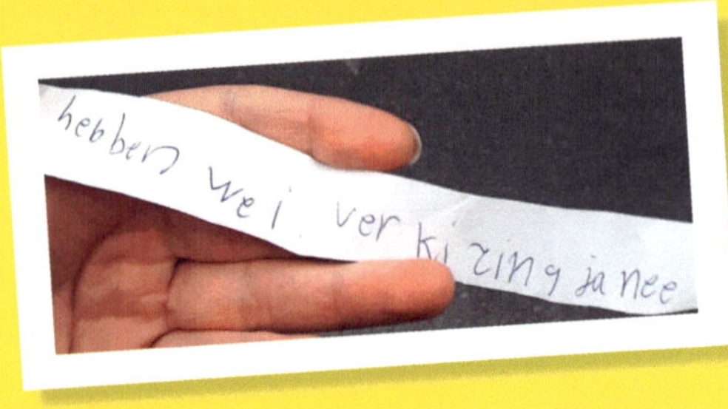

‘Een heerlijk briefje’, vindt juf Lieke van Huffelen van groep 5. Het doet haar denken aan haar eigen schooltijd. ‘Wat een nostalgie.’

Wat jammer nou.
Hij zei ‘nee’.

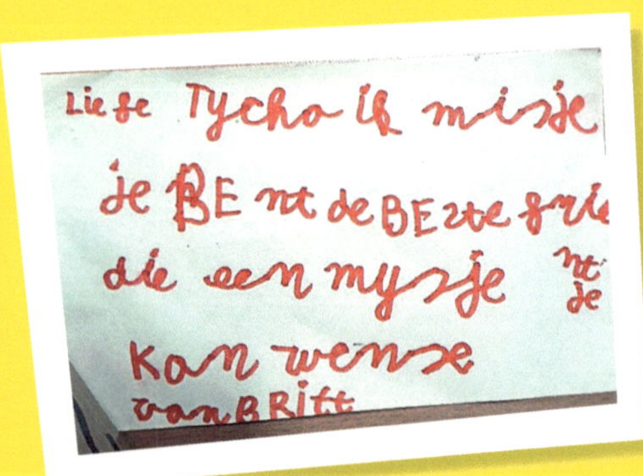

Liefde in groep 4. ‘Je bent de beste vriend die een meisje kan wensen.’

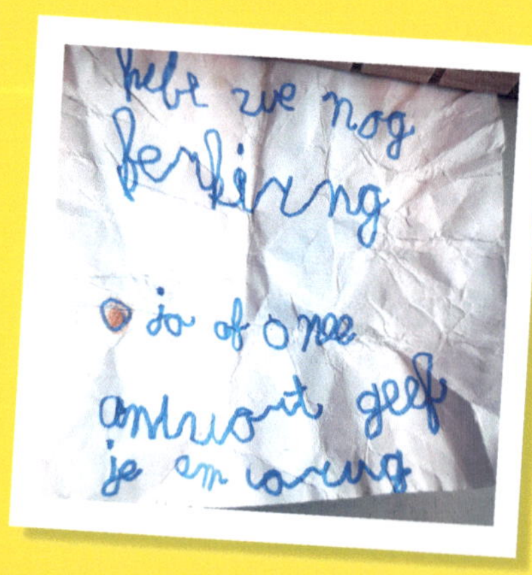

Hebben we nog verkering? En onderaan staat ‘Geef je ’m terug?’

Het is in elk geval
geen kleine jongen.

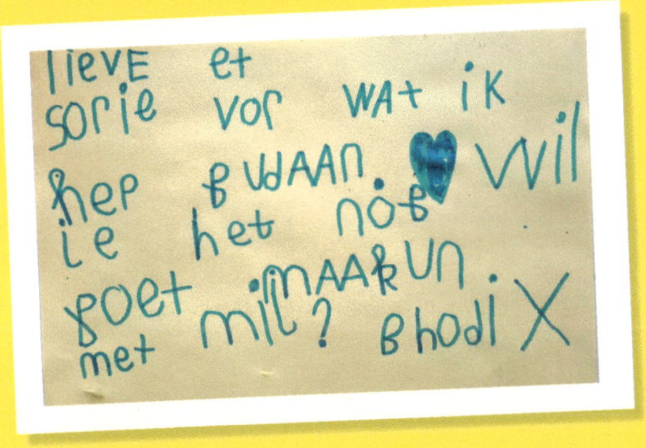

Bhodi (5 jaar) maakte ruzie met haar beste vriendje Eden (Et). 'Sorry voor wat ik heb gedaan', schrijft ze. 'Wil je het nog goedmaken?' Want ze hadden zelfs al trouwplannen! Nou, als ik zo'n lief briefje kreeg, twijfelde ik geen seconde.

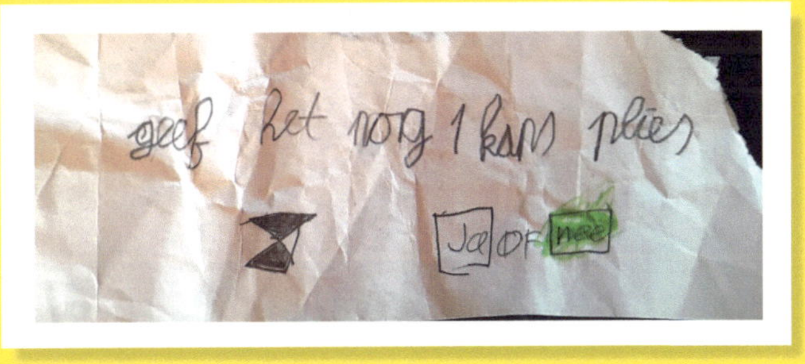

Wessel, 9 jaar, doet een laatste poging om zijn liefje te veroveren. Maar zegt ze nou 'ja', of 'nee'?

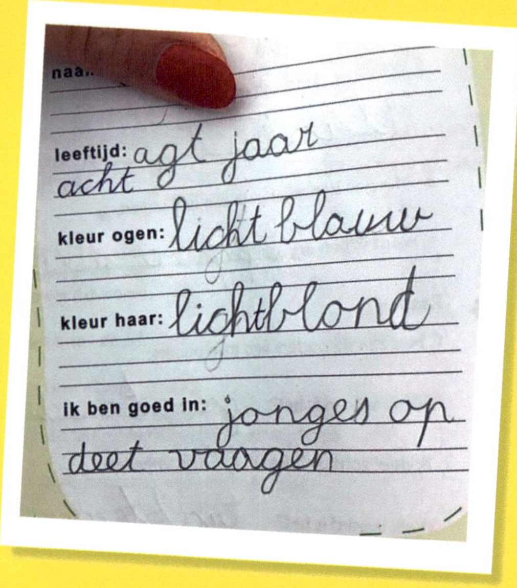

Ook in groep 4 zitten al doorgewinterde hartenbrekers.

‘Zoals in elke stormachtige relatie slaat soms de twijfel toe. Dan is het de hoogste tijd om opheldering te vragen: Hebe we ferkerng? Ja of nee?’

Daar heeft dit meisje van 12 natuurlijk groot gelijk in.

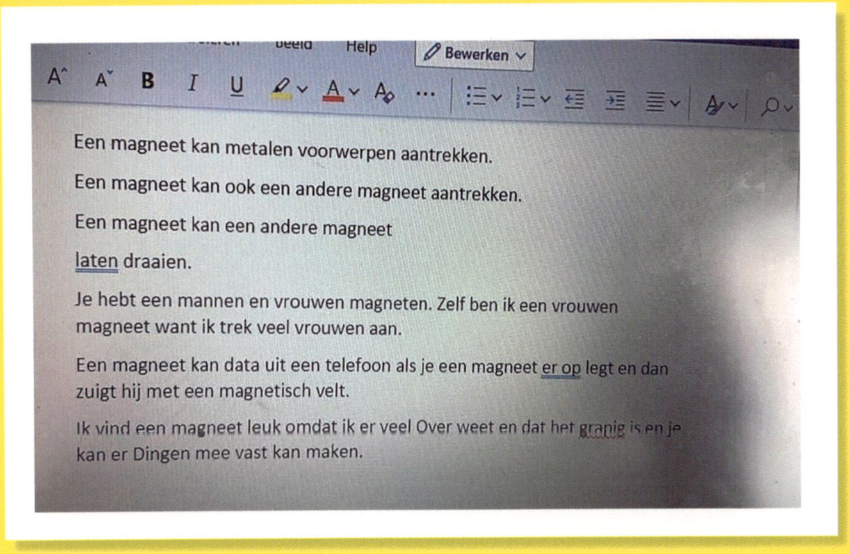
Een magneet kan metalen voorwerpen aantrekken.

Een magneet kan ook een andere magneet aantrekken.

Een magneet kan een andere magneet
laten draaien.

Je hebt een mannen en vrouwen magneten. Zelf ben ik een vrouwen magneet want ik trek veel vrouwen aan.

Een magneet kan data uit een telefoon als je een magneet er op legt en dan zuigt hij met een magnetisch velt.

Ik vind een magneet leuk omdat ik er veel Over weet en dat het granig is en je kan er Dingen mee vast kan maken.

Steijn uit groep 6 schreef een verslag over magneten. Hij is er zelf ook een.

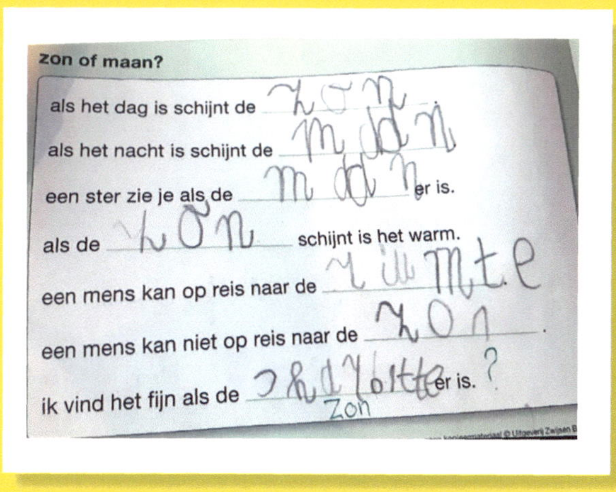
zon of maan?

als het dag is schijnt de zon

als het nacht is schijnt de maan

een ster zie je als de maan er is.

als de zon schijnt is het warm.

een mens kan op reis naar de ruimte.

een mens kan niet op reis naar de zon.

ik vind het fijn als de charlotte er is. ? Zon

'Mijn zoon van 7 denkt alleen maar aan zijn vriendinnetje Charlotte', vertelt Heidi van der Weerd.

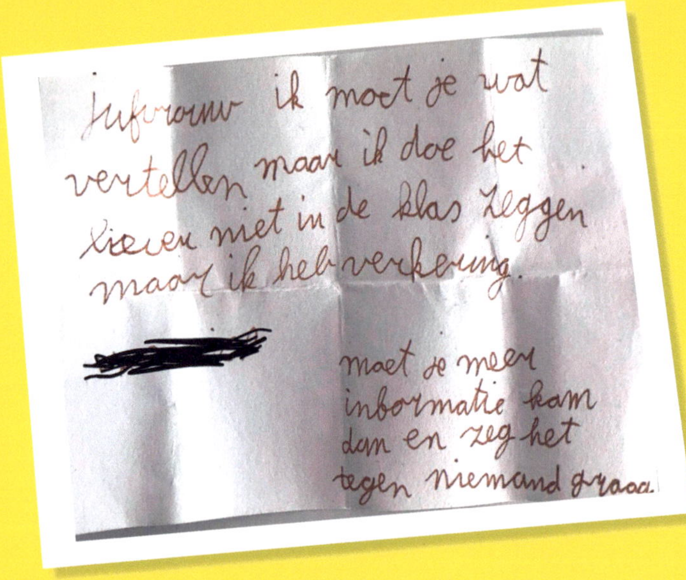
Jufvrouw ik moet je wat vertellen maar ik doe het liever niet in de klas zeggen maar ik heb verkering.

[redacted]

moet je meer informatie kom dan en zeg het tegen niemand graaa.

'Jufvrouw' Dorien Assen kreeg dit briefje van een leerling uit groep 6.

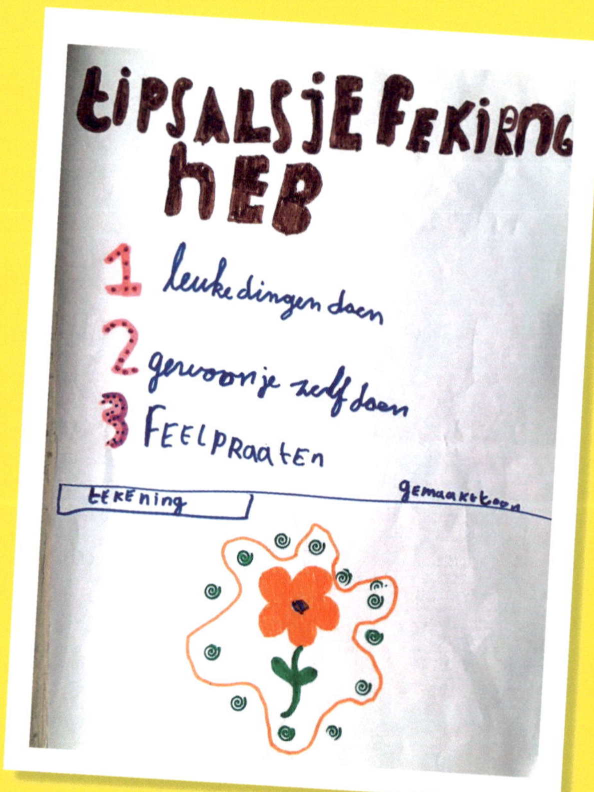

Dat zijn pas nuttige tips!

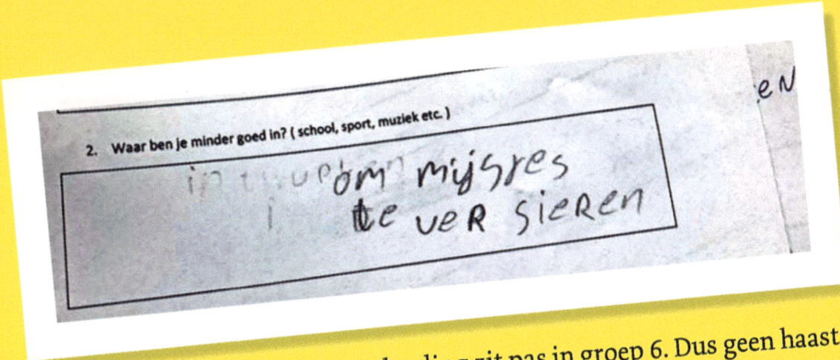

2. Waar ben je minder goed in? (school, sport, muziek etc.)

om mijsres te ver sieren

Deze leerling zit pas in groep 6. Dus geen haast!

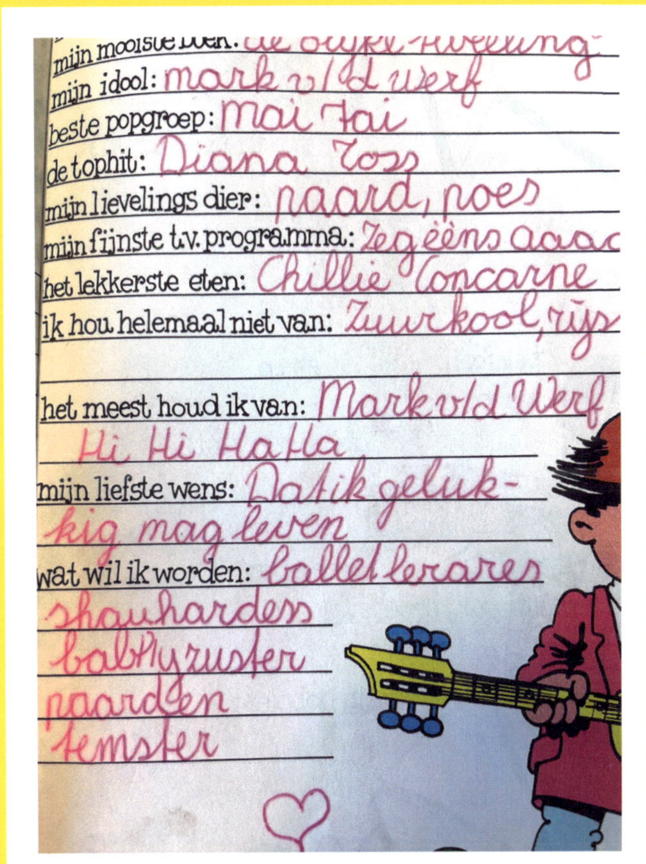

mijn mooiste boek:

mijn idool: mark v/d werf

beste popgroep: Mai Tai

de tophit: Diana Ross

mijn lievelings dier: paard, poes

mijn fijnste t.v. programma: Zeg ééns aaa

het lekkerste eten: Chillie Concarne

ik hou helemaal niet van: Zuurkool, rijs

het meest houd ik van: Mark v/d Werf Hi Hi Ha Ha

mijn liefste wens: Dat ik geluk-kig mag leven

wat wil ik worden: balletlerares shauhardess babyzuster paarden temster

Dit is een bladzijde uit mijn eigen stokoude vriendenboekje. Mijn klasgenootje Marjolein bekent dat ze het meest houdt van… mij! En ze wil later 'shauhardess' worden. Ik hoop dat in elk geval haar 'liefste wens' is uitgekomen!

LEKKER KORT

Mijn tijd op de pabo is prima in drie woorden samen te vatten: 'Reflecteren, reflecteren en nog eens reflecteren. Er was op de lerarenopleiding geen ontkomen aan. Vóór ik aan een opdracht begon niet, nadat de klus erop zat niet en als het even kon tussendoor ook niet. Met wie, wat, waar, waarom en hoe ik iets ging doen – overal werd eindeloos bij stilgestaan. In gesprekken, maar vooral in verslagen: persoonlijke ontwikkelings- en actieplannen, lesvoorbereidingsformulieren en talloze evaluatiedocumenten. Ik reflecteerde mezelf drie slagen in de rondte, maar hield voor mijn lessen en mijn leerlingen amper tijd over.

Later had ik het er eens over met een juf. Zij zei: 'Het lijkt wel of elke scheet in drievoud genotuleerd moet worden.'

Natuurlijk is er niks mis mee om zaken af en toe grondig tegen het licht te houden. Maar kan dat niet wat bondiger?

Natuurlijk wel.

Kijk maar naar al die kinderen op de basisschool. Zij zeggen (en schrijven) waar het op staat. Niet allemaal, uiteraard. Net als vroeger zijn er óók verlegen en bedachtzame leerlingen, die behoedzaam formuleren.

Maar velen maken van hun hart geen moordkuil.

Ze zijn direct, en soms best brutaal. Een enkeling is misschien zelfs een tikkeltje té bijdehand.

Wat mij vooral opvalt: ze houden het beknopt.

Wat is een mummie? Doot.

Hoe loopt dat verhaal af? Goet.

Lekker kort - daar kunnen wij volwassenen nog wat van leren.

Al sluipt er in veel antwoorden wel een taalfoutje. Maar dat geeft niks, dat houdt de juffen en meesters scherp!

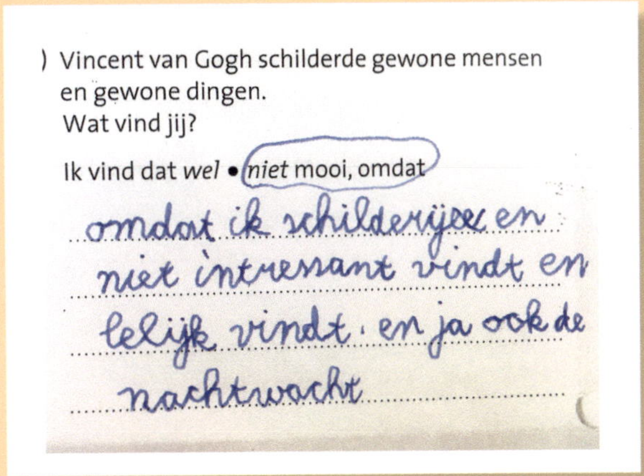
) Vincent van Gogh schilderde gewone mensen en gewone dingen.
Wat vind jij?
Ik vind dat *wel* • *niet* mooi, omdat
omdat ik schilderijen en niet intressant vindt en lelijk vindt. en ja ook de nachtwacht

Duidelijk.

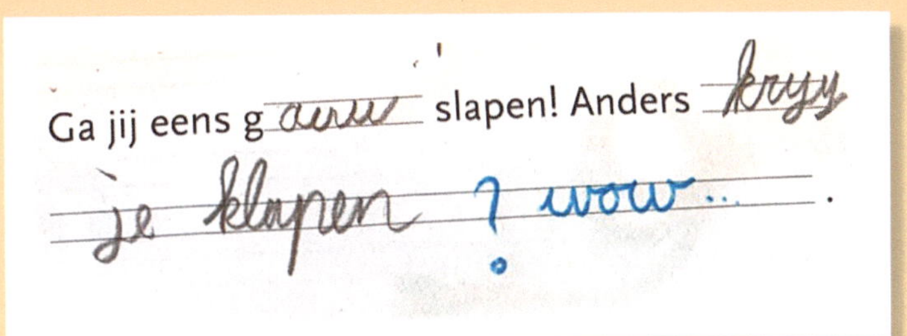
Ga jij eens g auw slapen! Anders krijg je klapen
? wow..

Juf Cheryl van groep 4b schrok een beetje toen ze dit las.

Juf Danique van groep 7 kwam dit antwoord aan het begin van het schooljaar tegen. 'Ik hoop dat ik het nog leuk voor deze jongen kan maken.'

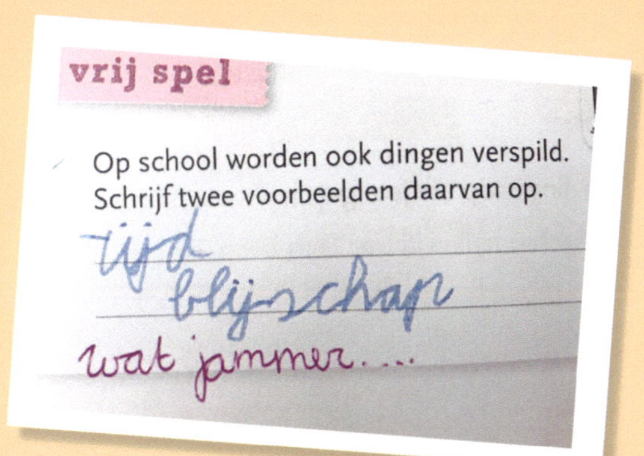
vrij spel
Op school worden ook dingen verspild.
Schrijf twee voorbeelden daarvan op.
tijd
blijschap
wat jammer....

Aan zelfvertrouwen
geen gebrek!

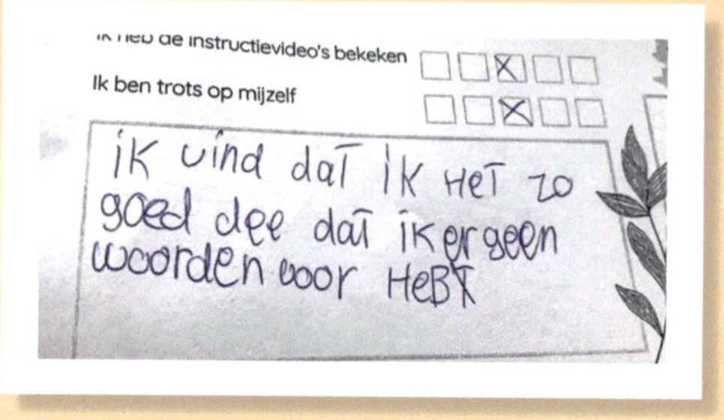

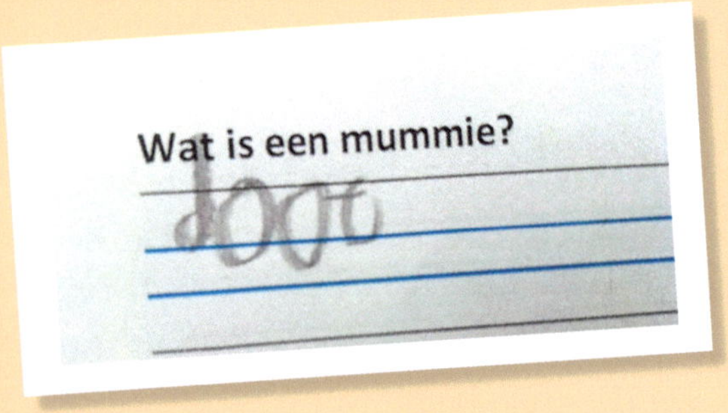

Hier valt weinig
tegen in te brengen.

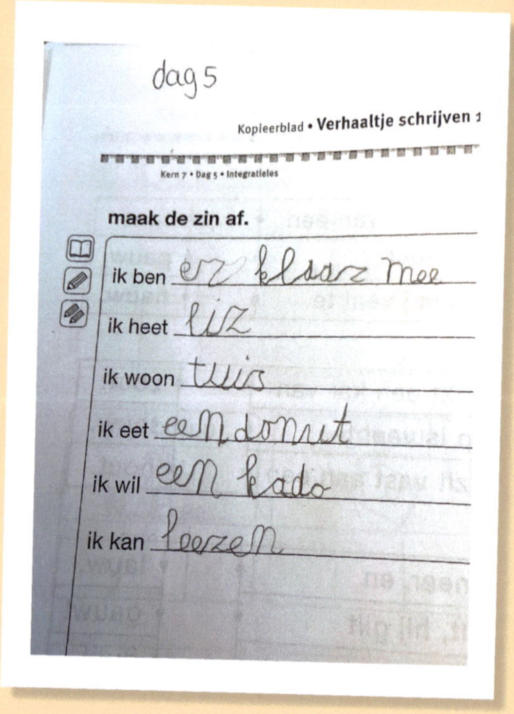

De zesjarige Liz schreef dit tijdens
de corona-lockdown, begin 2021.
Haar school was weer dicht en dat
vond ze maar niks.

Kyara uit groep 4 kreeg instructies voor een vouwopdracht.

‘Lekker kort – daar kunnen wij volwassenen nog wat van leren.’

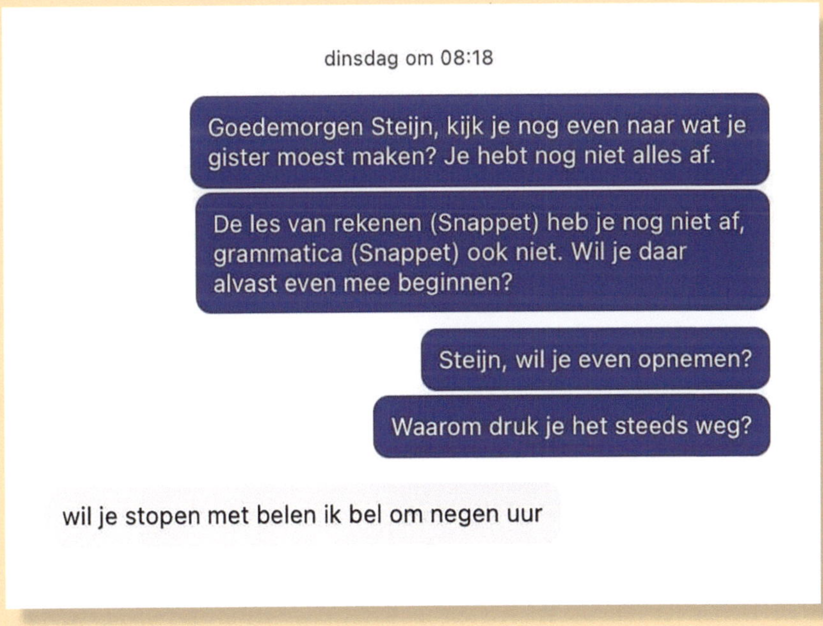

Steijn (groep 6) geeft graag zijn grenzen aan.

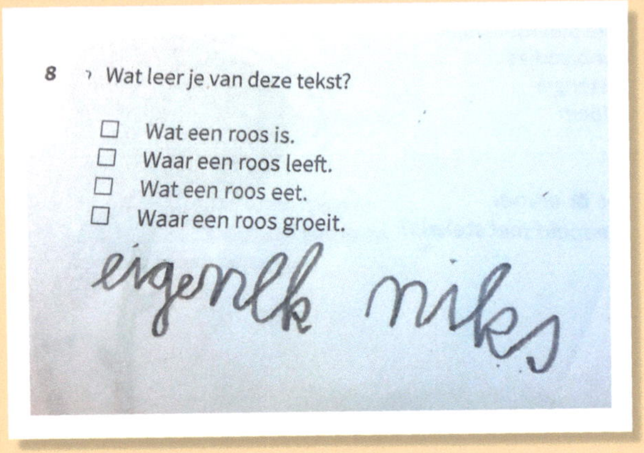

8 Wat leer je van deze tekst?

- ☐ Wat een roos is.
- ☐ Waar een roos leeft.
- ☐ Wat een roos eet.
- ☐ Waar een roos groeit.

eigenlk niks

Het juiste antwoord stond er niet bij.

b. Hoe kun je aan spaargeld komen?
Bedenk drie dingen.

1. werken
2. sparen
3. seuken

Yarno (7 jaar)

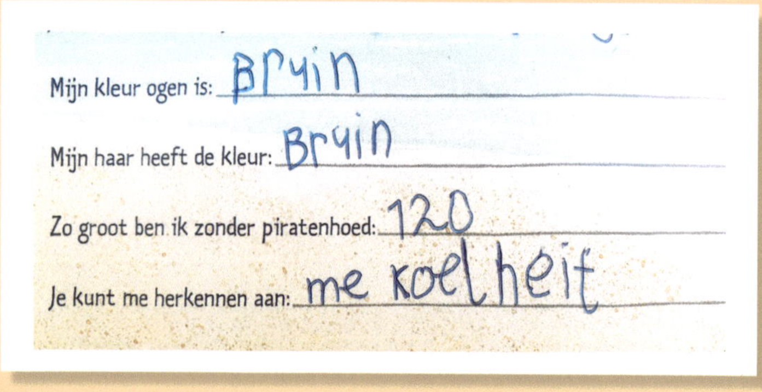

Mijn kleur ogen is: Bryin

Mijn haar heeft de kleur: Bryin

Zo groot ben ik zonder piratenhoed: 120

Je kunt me herkennen aan: me koelheit

Als je Ekin (7) tegenkomt, herken je haar vast meteen.

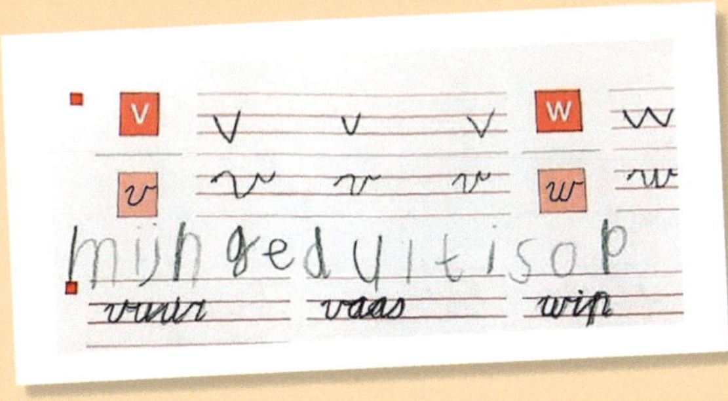

Flint heeft het soms zwaar op school.

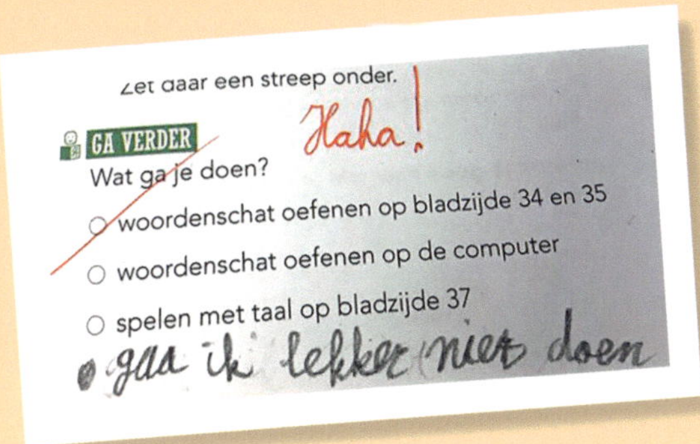

Het thema-woord van de opdrachten was 'lekker'. Dan kan je wachten op zo'n antwoord.

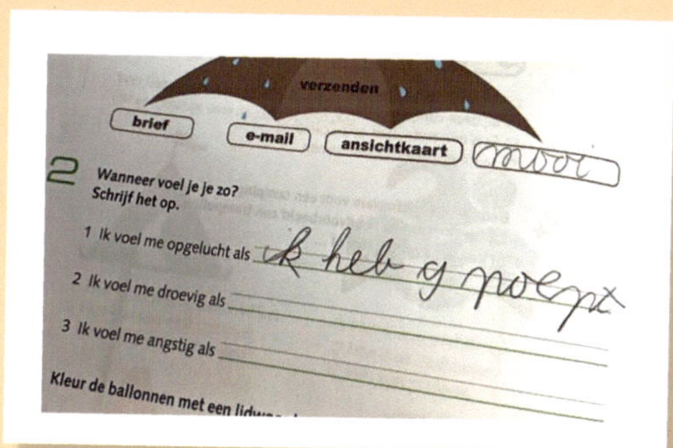

Waarom zou je daar ook omheen draaien?

Zo is het gesprek snel klaar.

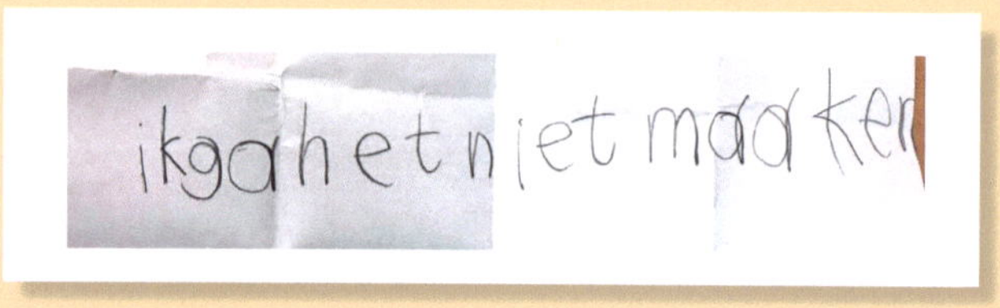

Knutsel een Pietje, was de opdracht. Daar dacht deze leerling anders over.

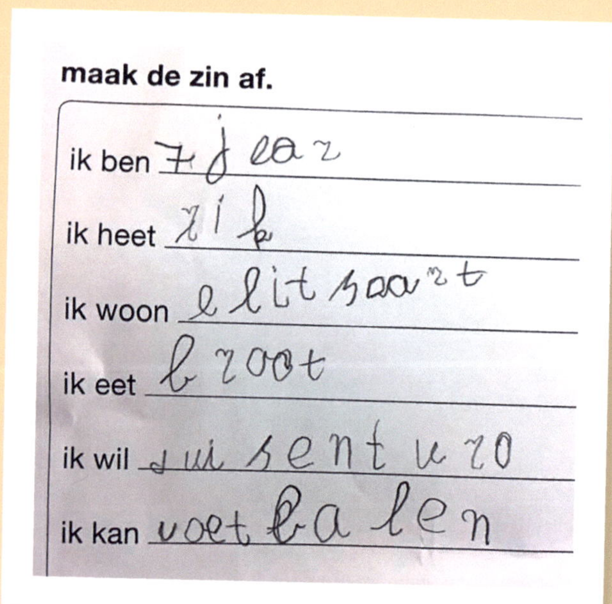

Rik is een jongen met ambities. Hij wil 'duisent uro'.

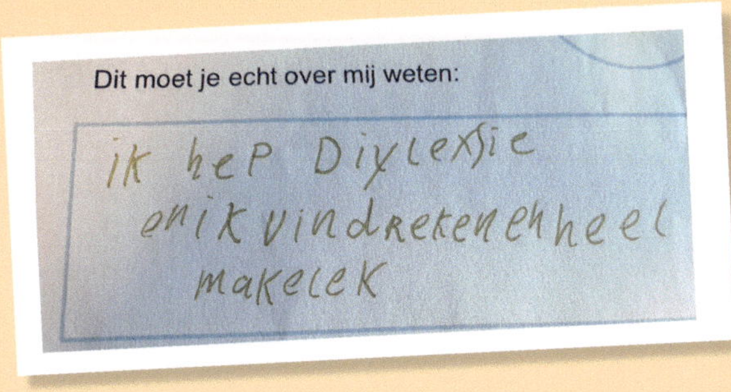
Dit moet je echt over mij weten:

ik heP Diylexsie
enik vindrekenenheel
makelek

Dat je het maar
even weet!

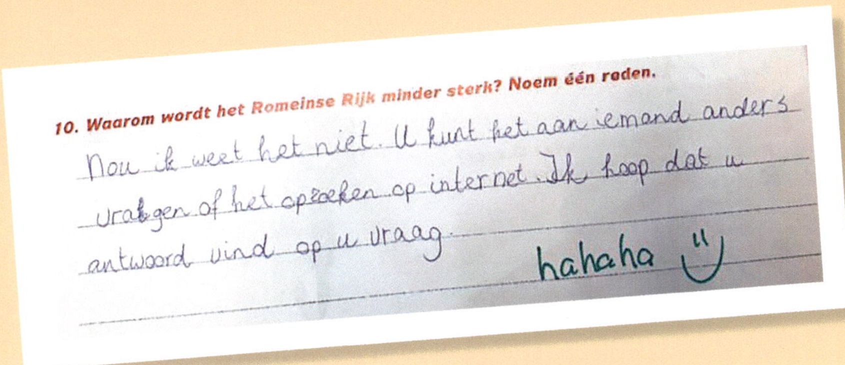
10. Waarom wordt het Romeinse Rijk minder sterk? Noem één reden.

Nou ik weet het niet. U kunt het aan iemand anders
vragen of het opzoeken op internet. Ik hoop dat u
antwoord vind op u vraag.
hahaha

Geen beknopt antwoord,
maar wel een korte, krachtige
boodschap: Zoek het zelf
maar uit, juf!

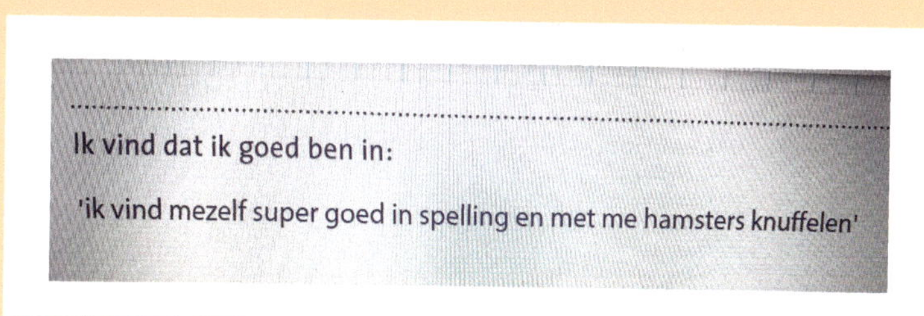
Ik vind dat ik goed ben in:

'ik vind mezelf super goed in spelling en met me hamsters knuffelen'

Nu moet deze leerling alleen nog 'mijn' hamsters gaan knuffelen.

EEN BOWLINGBAL IN JE BUIK

• • • • • • • • • • • • • • • • • •

Toen juf Sanne Dekker van groep 7 met zwangerschapsverlof ging, kreeg zij van een leerling een briefje waarop stond:

Is het een jongen?
Is het een meisje?
In ieder geval: veel plezier en sterkte met de bevalling.
Ik heb van de een gehoord dat het voelt alsof je een bowlingbal uitpoept, en van de ander dat je doodgaat van de pijn. Maar veel vrouwen hébben het ondergaan.

Zo is het maar net.

De schrijfster kan tijdens de week van de Lentekriebels beter iets voor zichzelf gaan doen. Zij heeft vast geen seksuele voorlichting meer nodig.

De meeste basisscholen beginnen daar al vroeg mee. Gelukkig maar. Niet elke leerling wordt thuis op tijd bijgepraat. Dan is het fijn als de juf of meester dat doet.

Natuurlijk hoeven jonge kinderen nog niet alles te weten. Er is tijd genoeg om hun uit te leggen hoe de vork in de steel zit. Al lijken sommige leerlingen wel toe aan een lesje 'Hoe zit dat nou precies?'

Zo schreef een meisje uit groep 5: 'Baby's zitten vast aan een touw.' En: 'Ze blijven een maand in de moeders buik, en dan komen ze eruit.'

De ene leerling pikt zaken nou eenmaal sneller op de andere. Dat drong maar weer eens tot me door toen ik een van mijn favoriete kinderlogica-plaatjes opnieuw bekeek.

De opgave luidt: *Bij een zaadlozing komen 300 miljoen zaadcellen vrij. Waarom zijn het er zo veel, denk je?*

Waarop de destijds 13-jarige Floor antwoordde: 'Mannen overdrijven altijd.'

Kijk, dat is pas levenswijsheid!

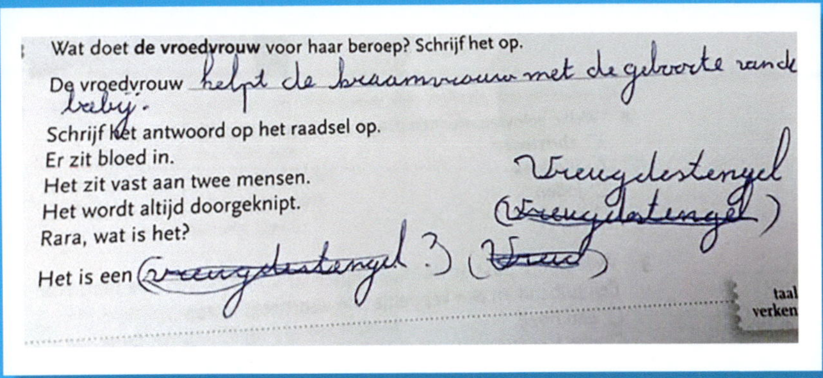
Wat doet **de vroedvrouw** voor haar beroep? Schrijf het op.

De vroedvrouw helpt de kraamvrouw met de geboorte van de baby.

Schrijf het antwoord op het raadsel op.

Er zit bloed in.
Het zit vast aan twee mensen.
Het wordt altijd doorgeknipt.
Rara, wat is het?

Vreugdestengel (Vreugdestengel)

Het is een vreugdestengel ? (Vreug)

taal
verken

Geen navelstreng maar een ...

'Voor mijn pas bevallen collega maken we met de leerlingen een welkom-terugpakket,' vertelt juf José Meermin. 'Dit achtjarige meisje weet nog niet zo goed wat ze ervan moet denken.'

Al dat gehuil en die gebroken nachten; deze leerling uit groep 4 begrijpt wat kersverse ouders nodig hebben.

Dat hoop ik ook!

Toen juf Niske met zwangerschapsverlof ging, werd zij met de neus op de feiten gedrukt.

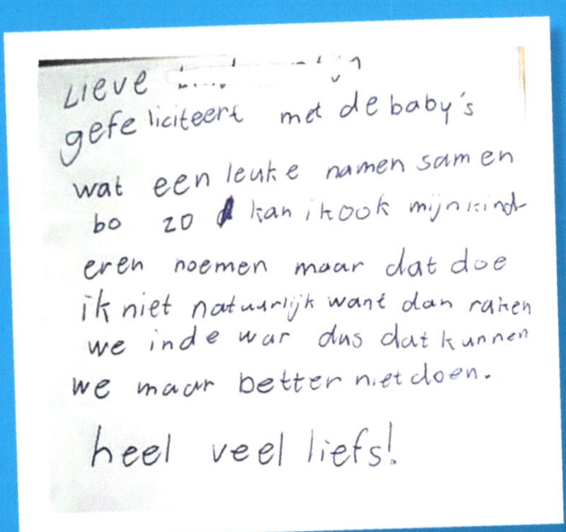

Judy van der Zwan vond dit briefje op de tafel van een leerling. ‘Briljant, toch?’

Dat moet
lukken.

Hoofdstuk 3 de geboorte

Als een baby in een moeders buik zit. Is de moeder dik. Daar moet je respect voor hebben. De baby begint als een rijst korreltje dan wordt de baby groter en groter en groter tot. Op z´n aller grootst dan gaat de moeder naar het ziekenhuis. Dan snijdt een pacient de buik open. Doet even pijn maar. Als je de baby ziet dan trekt het zo weg dan moet de buik weer dicht geniet worden en dan klaar.

Marley (8 jaar) maakte een presentatie over 'de geboorte van het kind'. Ik ben benieuwd welke bronnen hij heeft gebruikt.

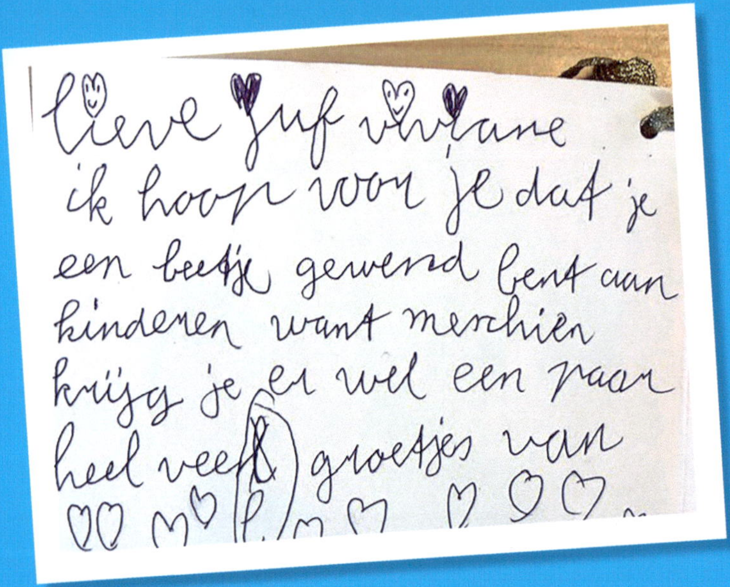

Lieve juf viviane
ik hoop voor je dat je
een beetje gewend bent aan
kinderen want meschien
krijg je er wel een paar
heel veel groetjes van

Vlak voordat ze ging trouwen, kreeg juf Vivianne dit kaartje.

‘Ik heb gehoord dat het voelt alsof je een bowlingbal uitpoept.’

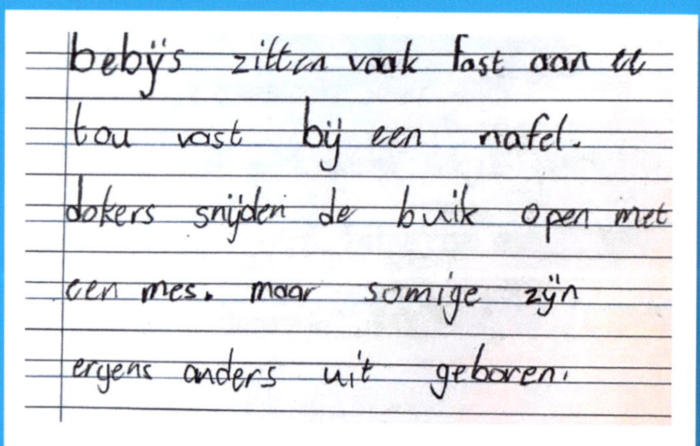

bebÿs zitten vaak fast aan et
tou vast bij een nafel.
dokers snijden de buik open met
een mes. maar somije zÿn
ergens anders uit geboren.

Voor het begin van de Week van de Lentekriebels vroeg juf Ranka Bregman aan haar leerlingen van groep 5: ‘Hoe worden baby’s geboren? Schrijf op wat je al weet.’

Een kaartje voor juf Elske.

Linda Stevens: 'Mijn dochter uit groep 5 werkt aan haar spreekbeurt over Egypte.'

Tom (8 jaar) verkoopt deze boeken op een rommelmarkt.

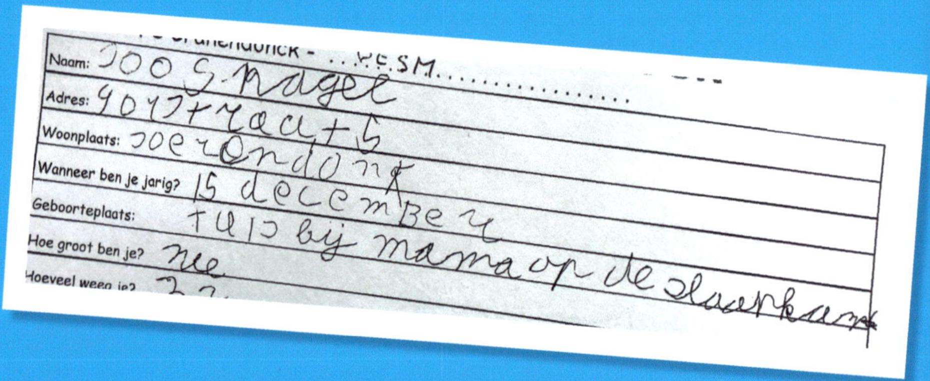

Een bijzondere geboorteplaats.

Ik moest meteen aan een oud popliedje denken: Ice, Ice Baby.

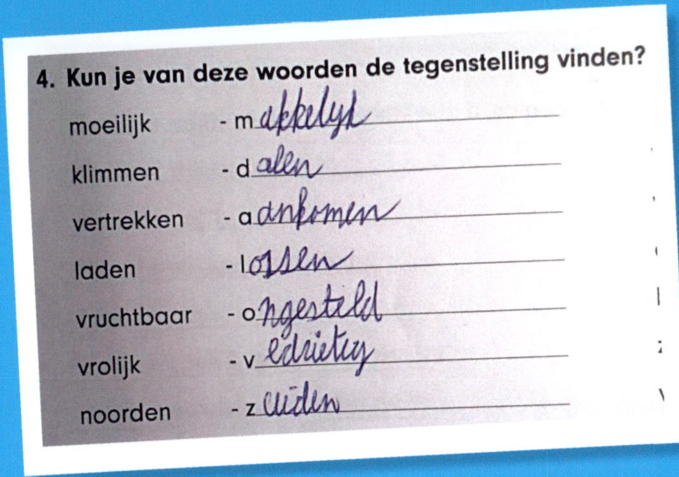

Wat is het tegenovergestelde van 'vruchtbaar'?

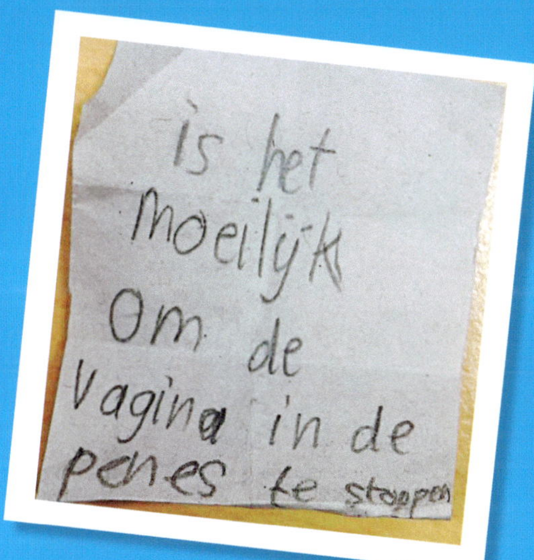

Zwanger raak je niet zomaar, er gaat een heel proces aan vooraf. Deze leerling wilde daar weleens wat meer over weten. Voordat de les seksuele voorlichting begon, werd dit briefje bij de meester ingeleverd.

'Baby' was het goede antwoord. Maar ik snap best dat 'barbie' het eerste is waar je aan denkt.

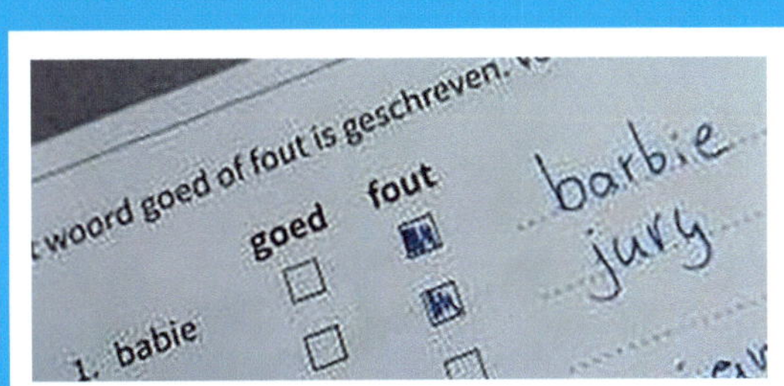

PAPA PLAST IN DE GOOTSTEEN

Leraren hebben een van de mooiste beroepen van de wereld. Ze helpen kinderen vooruit in het leven en steken elke dag nieuwe dingen op. Ontroerende verhalen, grappige anekdotes, sappige roddels: wie daarvan houdt moet eens een dagje achter in een klaslokaal gaan zitten. Daar hoor je nog eens wat! Bijvoorbeeld over de familie van leerlingen.

Ook werkboekjes en schriften wemelen van de ontboezemingen. Zo las ik onder het kopje 'Grappige weetjes over papa':

'Hij laat scheetjes bij mama.' En: 'Je plast soms in de gootsteen.'

Een andere interessante informatiebron zijn topografie-toetsen. Naast het antwoord 'Amersfoort' noteerde een jongen: 'Papa zegt altijd Anusfoort.'

De rest van het gezin wordt evenmin gespaard.

Op de vraag: 'Wat is het gevaarlijkste dat jij hebt meegemaakt in het verkeer?' luidde een van de antwoorden: 'Dat mijn moeder 31 kilometer per uur te hard reed.'

Een andere leerling schreef op een groen papieren hart: 'Lieve mama, ik vint dat je lekker kookt, alleen ik lust het niet.'

Het is maar goed dat ouders niet weten wat hun kinderen over hen verklappen in de klas. Anders durven ze nooit meer op te draven voor een tien-minutengesprek.

Al worden er natuurlijk ook veel lieve dingen over hen geschreven.

Zoals bij deze opgave:

Een dijk beschermt ons tegen het water. Een helm beschermt je hoofd als je gaat skaten. Kun je nog meer dingen bedenken die gemaakt zijn om iets of iemand te beschermen?

Antwoord:

'Me vader'

Stijn uit groep 4 geeft zijn moeder een hartverwarmend compliment.

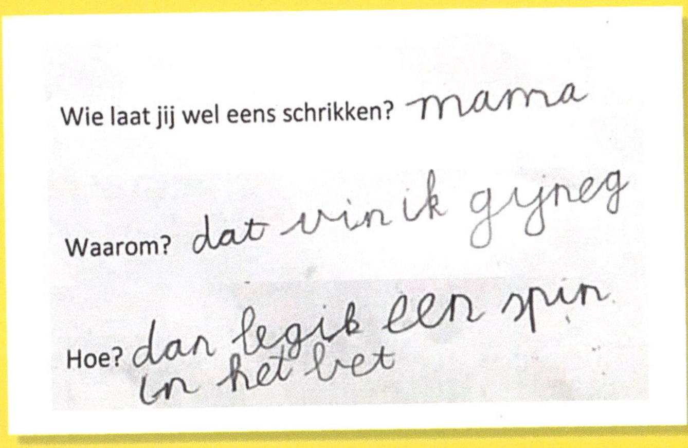

De zevenjarige Sacha laat zijn moeder graag schrikken. 'Ik ben doodsbang voor spinnen', bekent ze.

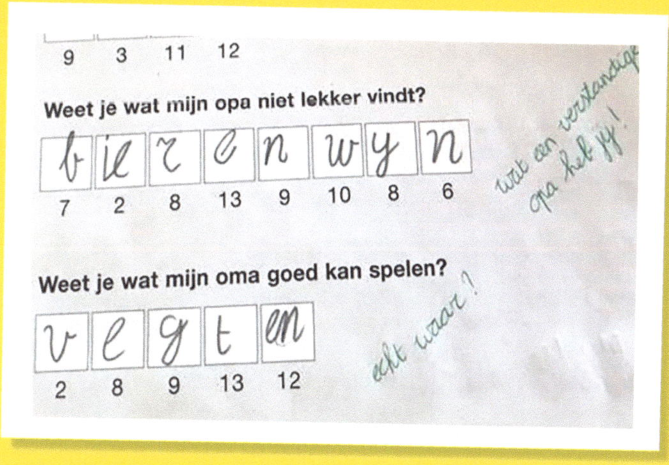

Opa leeft graag sober. Daarom breng oma wat leven in de brouwerij.

Kamila uit groep 4 vergat één woordje. Toen stond er opeens iets heel anders.

Buitenaardse scheetjes.

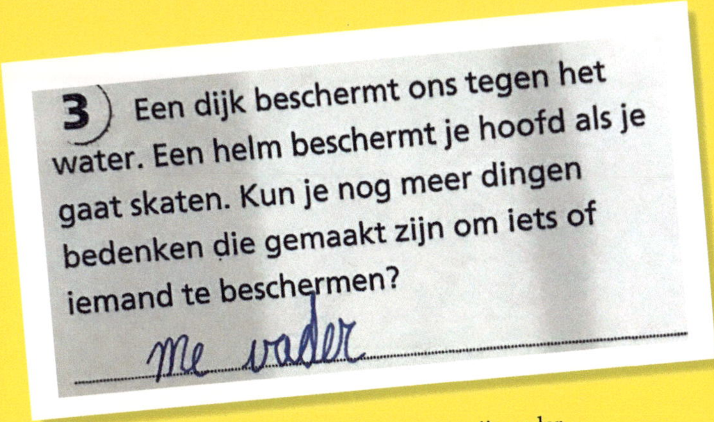
3) Een dijk beschermt ons tegen het water. Een helm beschermt je hoofd als je gaat skaten. Kun je nog meer dingen bedenken die gemaakt zijn om iets of iemand te beschermen?

me vader

Jesse (groep 5) vertrouwt op zijn vader.

Talitha geeft het maar gewoon toe.

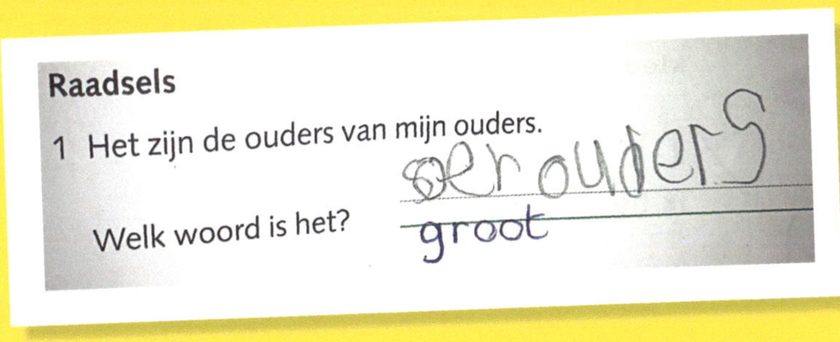
Raadsels

1 Het zijn de ouders van mijn ouders. oerouders

Welk woord is het? groot

'Oerouders' vind ik een veel mooier woord dan 'grootouders'.

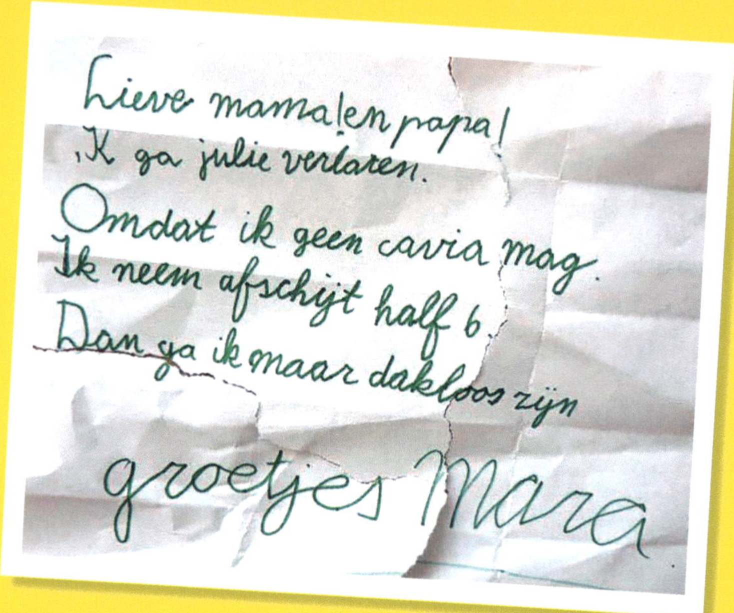

Lieve mama en papa!
Ik ga julie verlaten.
Omdat ik geen cavia mag.
Ik neem afschijt half 6.
Dan ga ik maar dakloos zijn
groetjes Mara

Mara, 8 jaar.

‘Lieve mama, ik vint dat je lekker kookt, alleen ik lust het niet.’

‘Halo schatenbout’, zegt de mama van Juliette uit groep 4 elke dag.

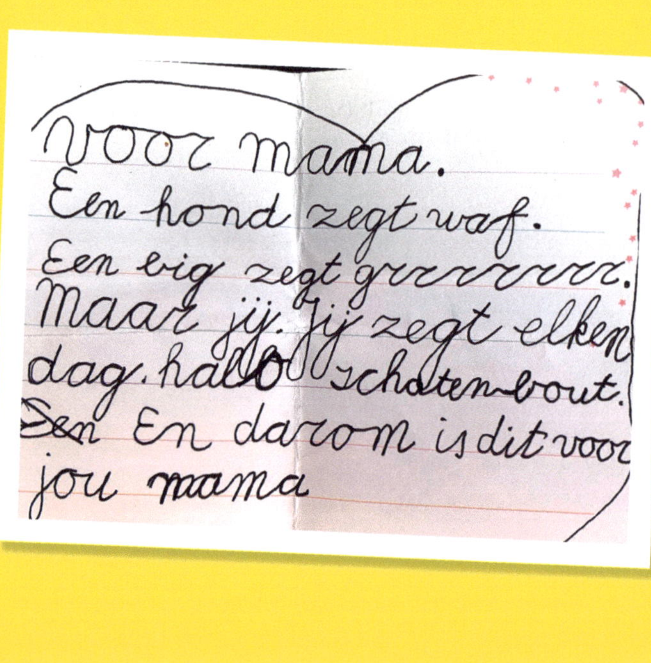

voor mama.
Een hond zegt waf.
Een big zegt grrrrrrrr.
Maar jij. jij zegt elken
dag. halo schaten-bout.
~~Een~~ En darom is dit voor
jou mama

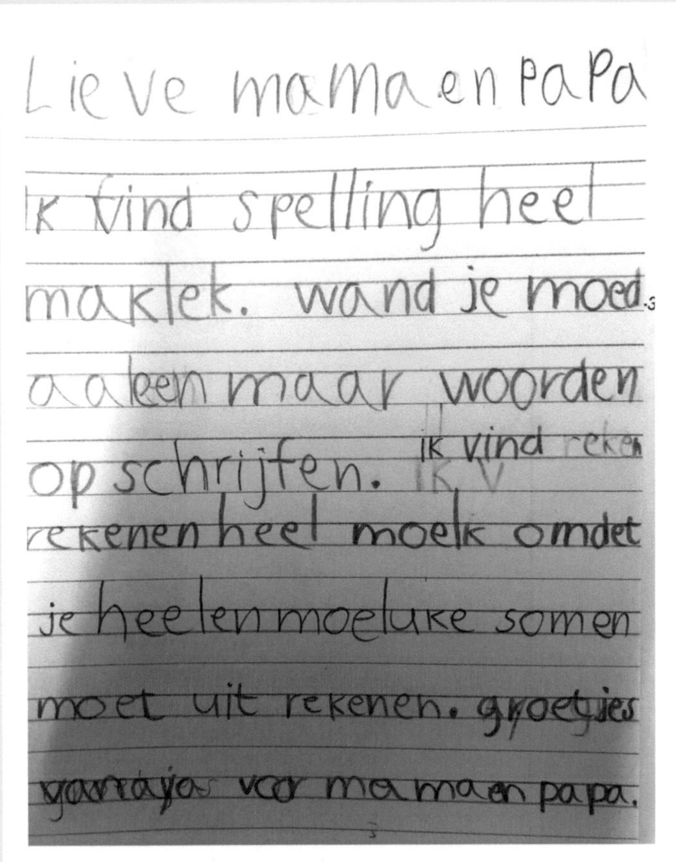
Lieve mama en papa
Ik vind spelling heel maklek. wand je moed aaleen maar woorden opschrijfen. Ik vind rekenen heel moelk omdet je heelen moeluke somen moet uit rekenen. groetjes voor mama en papa.

Dit meisje uit groep 4 legt uit waarom spelling 'heel maklek' is.

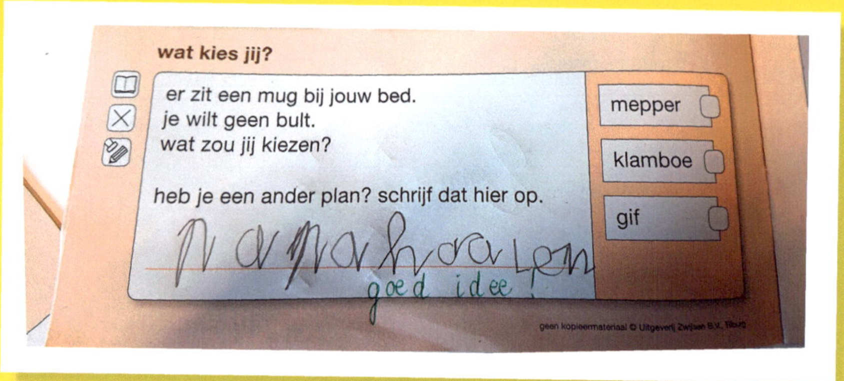

Dat zou ik ook doen!

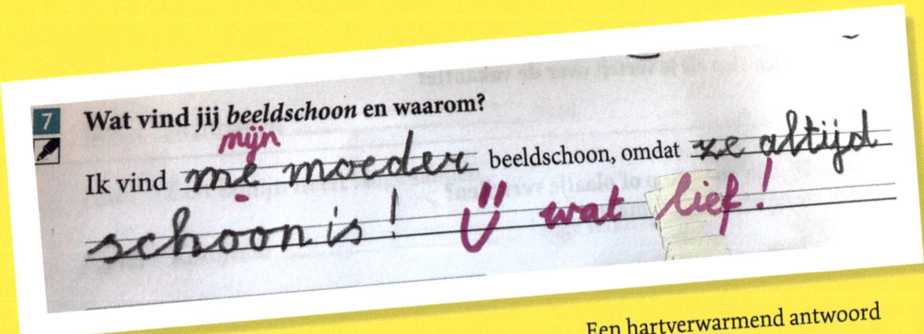

Een hartverwarmend antwoord van een jongen uit groep 5.

Half werk van Justus.

Vins, 8 jaar.

Chris uit groep 3 gaat de volgende keer met papa naar het bos!

VIEZE WOORDEN

Sommige kleuters lezen al vlot, schrijven sierlijke letters en rekenen snel uit dat 8 + 2 samen 10 is. Maar vanaf groep 3 is het menens. Dan is er elke dag wel een extra rijtje sommen waarop leerlingen zich kunnen uitleven. Wat is dat toch een mooi schooljaar! Terwijl ze knoeien met een pakje Capri-Sun en trots hun veters strikken, 'hakken-en-plakken' kinderen alsof hun leven ervan afhangt. 'MMM-AAA-NNN. MAAN!'

Nieuwe woorden pikken de meesten snel op. Soms zelfs iets te snel. Tijdens een taalles over 'roos', 'vis', 'kip', en 'hut', gaan er af en toe briefjes de klas rond met minder onschuldige woorden.

Alweer een paar jaar geleden kreeg ik een foto van een verkreukeld papiertje. VAK JOE, stond erop.

Leuk?

Toen ik het plaatje deelde op Facebook en Instagram, regende het reacties. 'Wat triest dat een kind van die leeftijd dit al weet,' vond iemand. Een ander schreef: 'Zulke taal in groep 3! Ik barstte spontaan in lachen uit.'

Vaak zie ik er de humor wel van in als leerlingen wat minder netjes uit de hoek komen. Maar het leukst vind ik het als ze dat doen zonder er zelf erg in te hebben. Zo ontstaan er onbedoeld 'vieze woorden'.

'Aftrek-kalender' in plaats van aftelkalender.

'Orgasmen' in plaats van organismen.

En geen hut, maar... inderdaad. Dat krijg je ervan als de 'h' per ongeluk als een 'k' wordt geschreven.

Flauw? Of juist grappig?

De meningen over dit hoofdstukje zijn ongetwijfeld verdeeld. Maar het verbaast vast niemand dat ik de plaatjes met een grijns heb geselecteerd.

Biologie in de brugklas. Docente Sophie Pheninckx: 'Uiteraard durfde ik deze link niet te openen.'

Leerlingen van groep 7 hebben een aftelkalender gemaakt voor een meester die binnenkort met pensioen gaat. Ze noemen hun creatieve knutselwerk alleen net even anders.

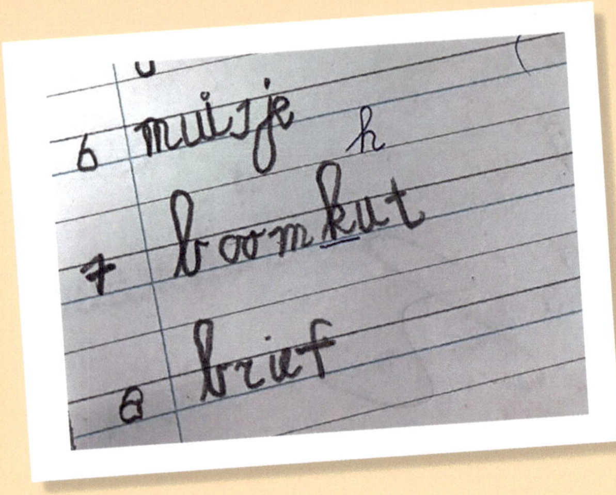

In groep 3 schrijven kinderen de 'h' wel vaker per ongeluk als een 'k'.

Ik ben gek op groenten en kaas. Maar verder kan ik me prima vinden in dit 'dit wil ik niet'-lijstje.

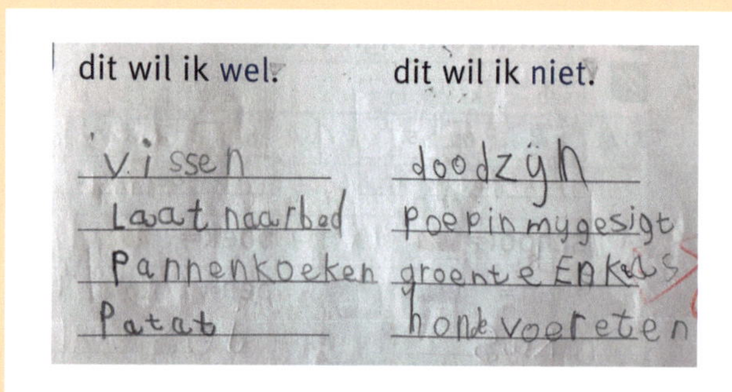

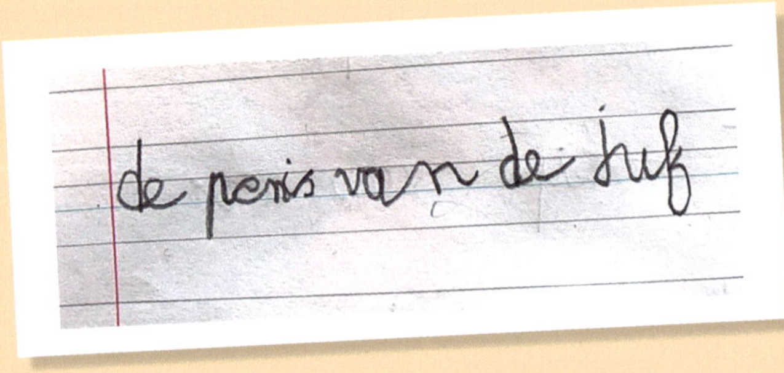

In talloze schrijfboekjes van groep 3 staat 'de pen is van de juf'. Volgens mij weten de makers maar al te goed dat deze zin soms zo in de schriften van de kinderen belandt.

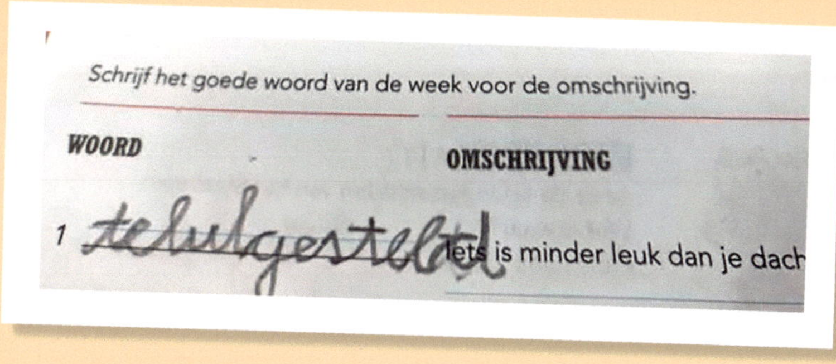

Een woordenschat-les voor groep 4.

'Alweer een paar jaar geleden kreeg ik een foto van een verkreukeld papiertje. VAK JOE, stond erop.'

Zo kan je het ook bekijken.

Bijna goed.

Duidelijke taal.

De vijfjarige Zoë heeft haar eerste schilderij gemaakt. Ze heeft er daarom speciaal bijgezet dat het om echte 'kunst' gaat.

Juf Tisha kreeg deze kaart van een leerling. 'In de lerarenkamer hebben we er hard om gelachen.'

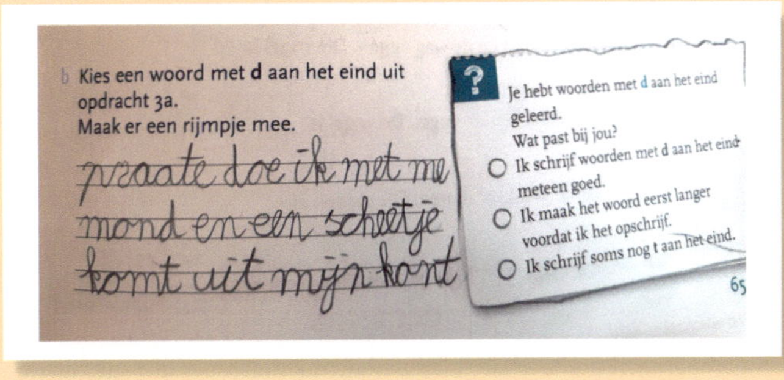

Een gedicht van Siënna, 7 jaar.

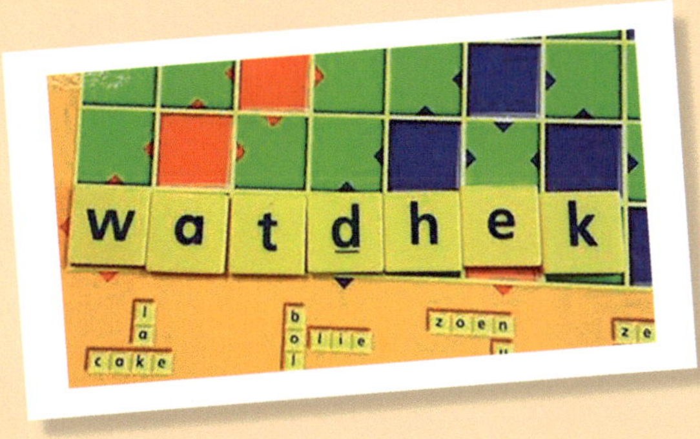

Woorden leggen in groep 3. 'What the heck', ofwel: wat krijgen we nou?

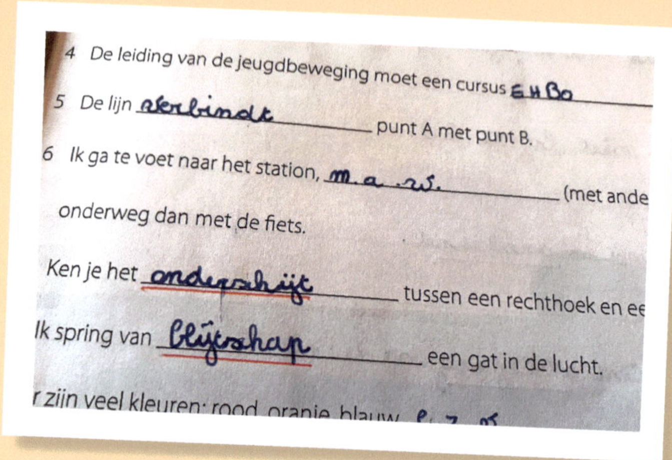

Wat is Nederlands soms een lastige taal! Dat gehannes met d's, t's, 'ei' en 'ij'. Geen wonder dat niet iedereen het onderscheid meteen ziet.

Opzij? Tess uit groep 4 zegt het liever nóg duidelijker.

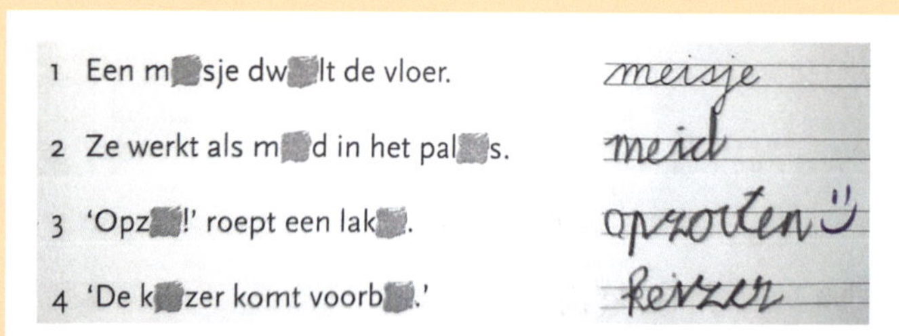

Van wie zou deze leerling uit groep 4 dit woord hebben geleerd?

Dit meisje maakte een prachtig kunstwerk. Dat ze een lettertje was vergeten, ontdekte ze pas nadat ze de tekst voor de derde keer hardop voorlas.

'Idioot!', riep een leerling uit groep 3 tegen een klasgenoot. Die besloot niet terug te schelden, maar een mooie tekening te maken.

DAT KAN OOK!

Al een paar jaar spaar ik afbeeldingen met 'kinderlogica'. Het heeft me nog geen seconde verveeld. Van al die grappige foutjes en brutale briefjes lig telkens weer in een deuk.

Minstens zo leuk vind ik de creatieve ingevingen van leerlingen. Zoals bij deze opdracht:

Kees wil een nieuwe fiets kopen.
Hij heeft 150 euro.
De fiets die hij wil kopen kost 500 euro.
Wat kan Kees doen?

Van alles natuurlijk: sparen. Een bijbaantje zoeken. Geld lenen van zijn ouders.

Of zoals een jongen antwoordde: 'Afdingen!'

Dat lijkt me een zakenman in de dop.

Kom er maar eens op.

Kinderen zijn niet van suiker. Als ze fouten maken, kun je dat vaak maar beter duidelijk vertellen. Voor mijn part met een rode pen. Daar leren scholieren van.

Maar creativiteit moet worden beloond. Daarom ben ik blij dat de meeste leerkrachten verder kijken dan hun antwoordenboek. Want 1 + 1 = altijd 2. En 'ik vind' blijft 'ik vind', met een 'd' achteraan. Hoe je het ook wendt of keert. Maar bij veel opgaven is óók een ander antwoord mogelijk.

'Bakjurk' is toch een prachtig alternatief voor 'schort'?

En is een 'voelalfabet' niet veel mooier dan 'braille'? Van mij mag het meteen de Van Dale in.

De hoogste tijd dus voor een serie plaatjes waarbij ik steeds dacht: 'O, ja. Dat kan ook!'

Scherp bekeken!

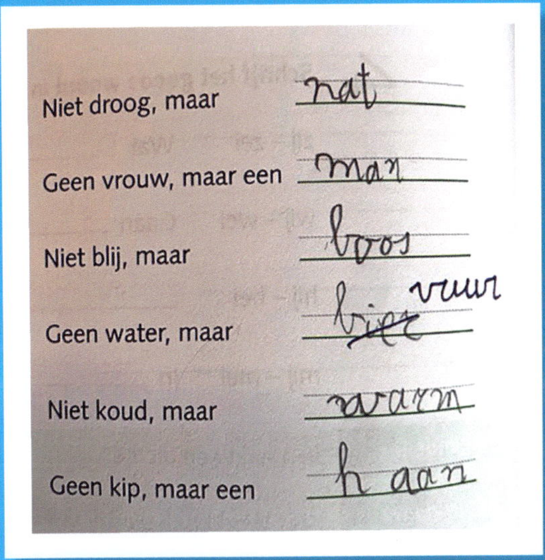

Bier? 'Tja', zegt de moeder van zevenjarige Norah. 'Onze dochter krijgt van haar vader het verkeerde voorbeeld.'

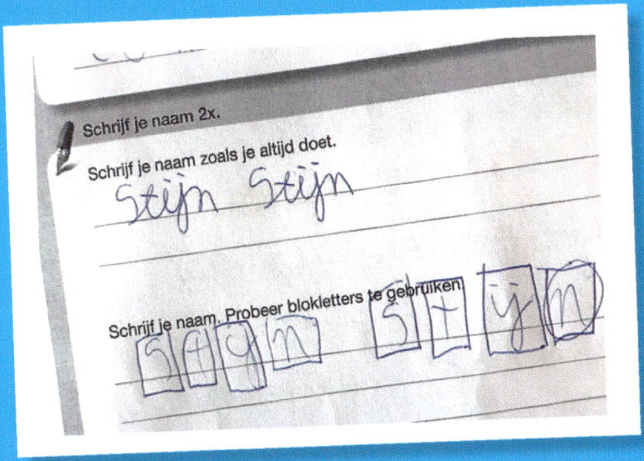

Dit zijn pas echte blokletters.

De jongen die het woord 'palmzitten' bedacht is 11 jaar en komt oorspronkelijk uit Irak. Hij zit pas vier maanden op een Nederlandse basisschool.

Vergeet 'braille'. Voortaan noemen we dat een voelalfabet.

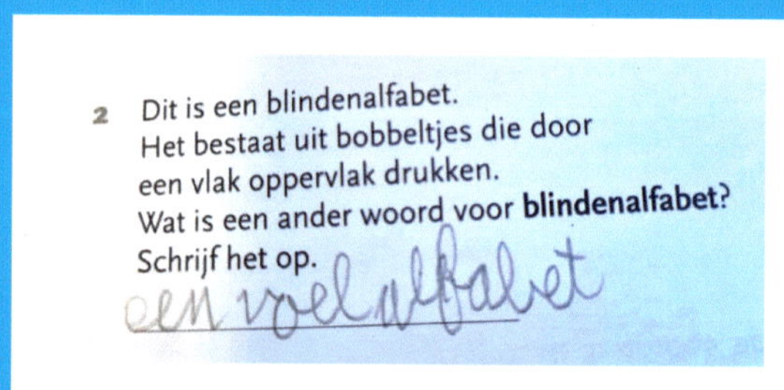

2 Dit is een blindenalfabet.
Het bestaat uit bobbeltjes die door een vlak oppervlak drukken.
Wat is een ander woord voor **blindenalfabet**?
Schrijf het op.
een voelalfabet

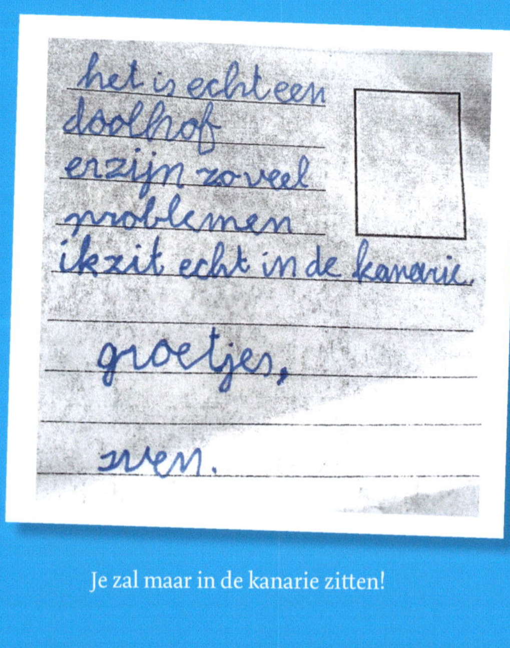

Je zal maar in de kanarie zitten!

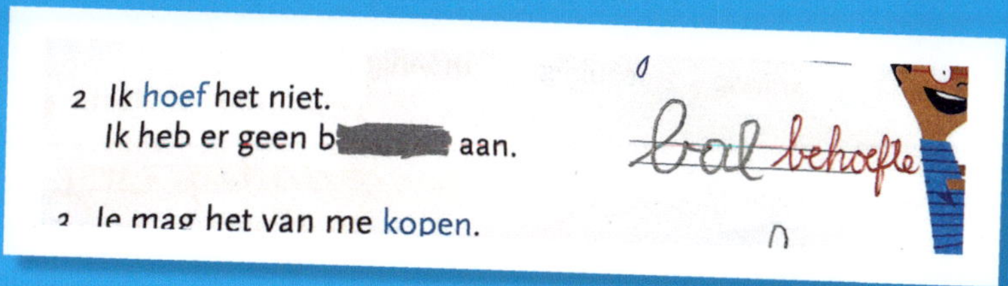

Zolang de boodschap maar overkomt.

‘ *Bakjurk* is toch een prachtig alternatief voor schort? En is een *voelalfabet* niet veel mooier dan braille?’

Geen schort, maar een ....

Vuur, of fik: van mij mag het allebei.

1 niet vet, maar mager

2 niet het voorjaar, maar het najaar

3 geen oorlog, maar liefde ♡

4 niet ziek, maar beter

5 niet onder, maar boven

Deze leerling uit groep 4 weet al waar het leven echt om draait.

7. Welk woord zoeken we?

- Ik moet iets heel moeilijk onthouden.
  Ik gebruik een middeltje om dit beter te kunnen onthouden.
  Dat middeltje noemen we een

  dementiepil

Dit middeltje wordt ook wel een 'ezelsbruggeltje' genoemd.

Er staan veel mensen voor de raket.

Als deze raket maar niet de lucht in vliegt.

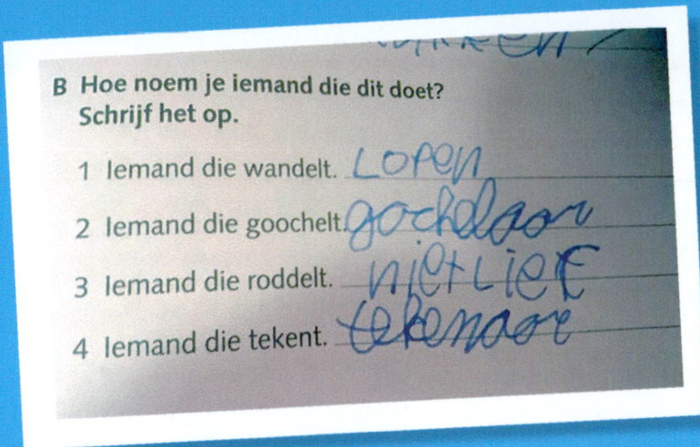

B Hoe noem je iemand die dit doet? Schrijf het op.

1 Iemand die wandelt. Lopen
2 Iemand die goochelt. gochelaar
3 Iemand die roddelt. niet Lief
4 Iemand die tekent. tekenaar

Jorrit, 8 jaar.

Ssst. Niet verder vertellen.

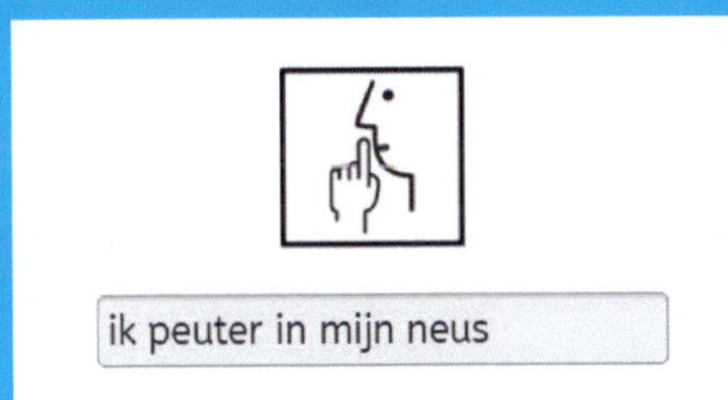

Janne, jij gaat echt wel over. Daar hoef jij niet

wa~~anhopig~~ van te liggen!

wakker (maar ook niet wanhopig inderdaad)

Je hebt woorden als bakker geleerd.
- Ik schrijf het woord meteen op.
- Ik verdeel het woord in klankgroepen en schrijf de medeklinker in het midden twee keer op.
- Ik vergeet soms nog de dubbele medeklinker.

Een creatieve ingeving van Mathijs uit groep 4.

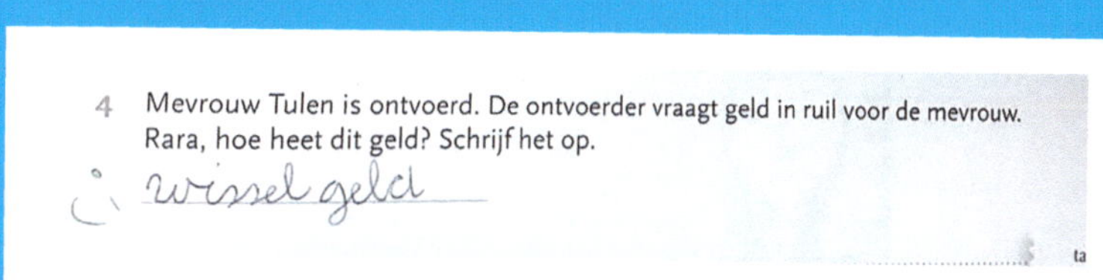

4 Mevrouw Tulen is ontvoerd. De ontvoerder vraagt geld in ruil voor de mevrouw. Rara, hoe heet dit geld? Schrijf het op.

wissel geld

Een veel mooier woord dan ‘losgeld’.

ZITNIEKOLAAS

• • • • • • • • • • • • • • • • • •

Wat vieren we met Pasen?

'Dat er een konijn aan de deur komt', schreef een leerling van groep 7 op een van de eerste kinderlogica-plaatjes die ik - alweer lang geleden - deelde op Facebook.

Ook over Kerst had deze jongen zo zijn eigen gedachte. 'Dan vieren de gelovigen dat de kerstman Jezus is.'

Geef dat kind een bonuspunt voor creativiteit, opperde een aantal mensen destijds.

Een sympathiek idee, maar soms is fout gewoon fout. Toch?

Tegen deze grapjas zou ik zeggen: 'Hartstikke leuk. Maar let de volgende les vooral iets beter op!'

Al moet ik misschien niet te hoog van de toren blazen. Want wat weet ik zelf eigenlijk over de betekenis van onze feestdagen? Lang niet alles.

Pasen, Hemelvaart, Pinksteren; soms google ik ze snel om te lezen hoe het ook alweer precies zit.

Nee, dan die andere (niet officiële) feestdag: 5 december. Vooral kinderen weten maar al te goed waar het dan om draait. Zodra 'Zitniekolaas' voet aan wal heeft gezet, is het cadeautjestijd!

Sommige kinderen blijven bescheiden. Zo stuitte ik op een verlanglijstje met slechts twee wensen:

1. 10 compoeters.

2. 5 games.

Op een ander briefje staat:

Liefe Sinterklaas ik wil graag een teblet uit de Bart Smit hij kost 59,99

Je kunt immers maar beter duidelijk zijn, óók als je op school een opstel moet schrijven over de goedheiligman.

Lees dit beknopte verhaal maar eens, waaruit alle bijzaken zijn geschrapt:

'Lieve Sint en Piet, krijg ik weer kadootjes, ja of nee.
Kruis het maar aan.'

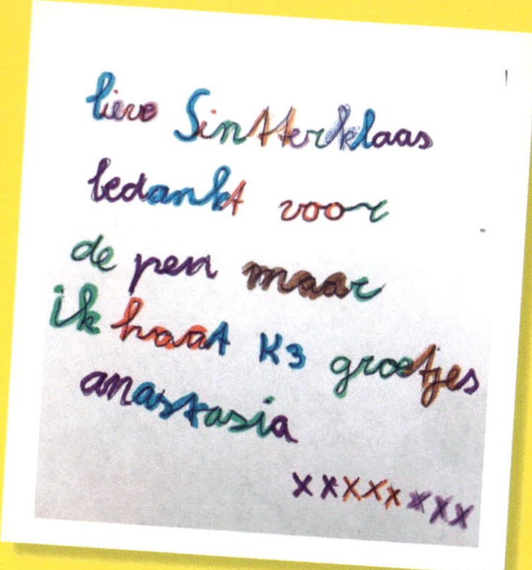

Anastasia (6 jaar) maakt het niet mooier dan het is.

De beste wensen van groep 4.

Wie komen er morgen aan met de stoomboot? Julia uit groep 3 weet het wel.

Fijne feestdagen!

Fynn, 8 jaar, slaat de spijker op zijn kop.

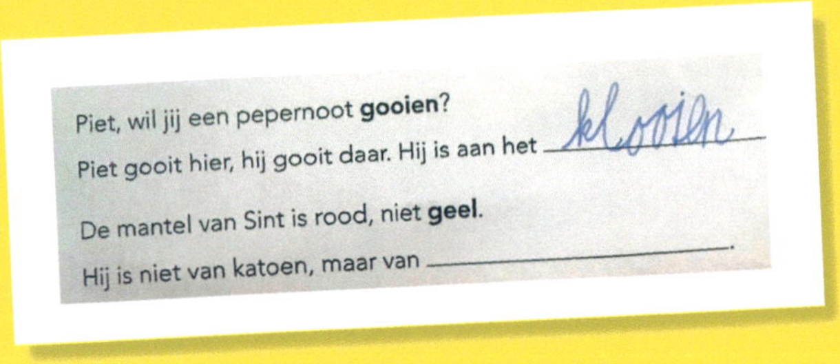

'Juf, kom eens kijken wat ik heb gemaakt!'

'Sorry dat ik bij u heb belletje geleld.'

De vijfjarige Siem zet zijn schoen.

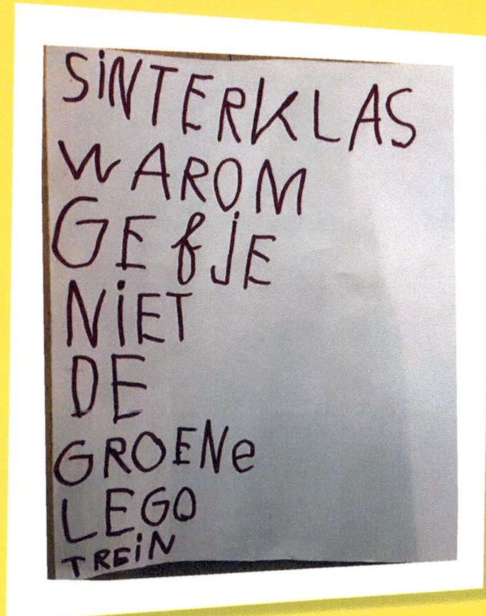

'Wat vieren we met Pasen? Dat er een konijn aan de deur komt.'

Charlie, 7 jaar.

Ik was even in de war. Tot ik het prachtige paasei zag.

Een kort, maar zeer krachtig verhaal van Liselot.

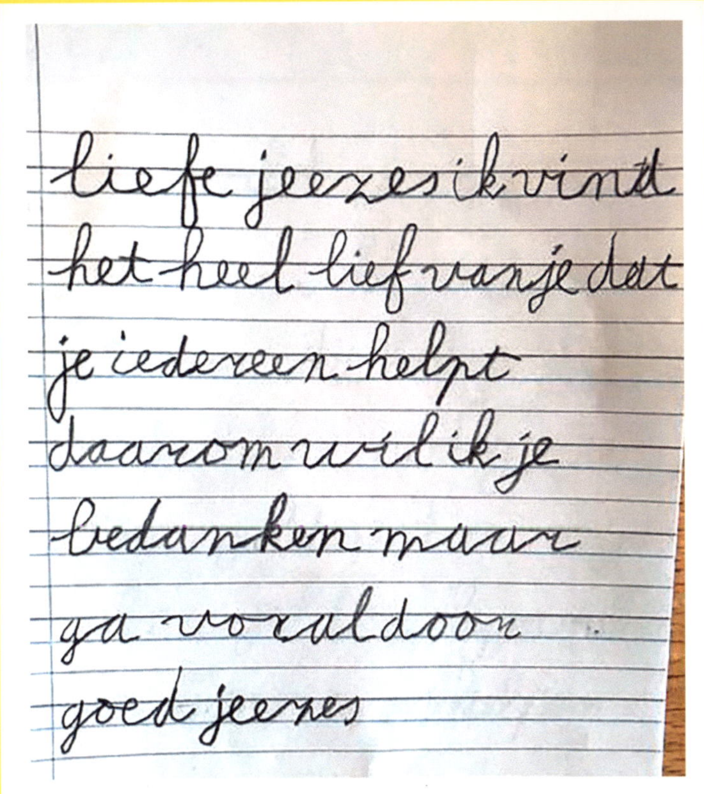

liefe jeezes ikvind
het heel liefvanje dat
je iedereen helpt
daarom wil ik je
bedanken maar
ga vooraldoor
goed jeezes

Vooral doorgaan!

hert
Lego citY
pietsa
zaldamie

Lieve Sint, voor mij graag één pietsaa.

DE PROOSEKO-RUPS

Ik heb het helaas niet meegemaakt. Maar lang geleden leken lagere scholen net een kinderboerderij. Over de pleinen scharrelden kippen, door lokalen fladderden parkieten, en in het stencilhok trippelden hamsters heen en weer in hun kooi.

Ik ken een juf die vroeger een klassenkonijn met drie poten had en een klassenpoes die bij voorkeur poepte en pieste in de plantjes.

In de jaren '70, toen er minder aandacht was voor huisdierallergieën, keek bijna niemand daarvan op.

De tijden zijn veranderd en de meeste beesten zijn allang uit de scholen verdwenen. Toen ik lesgaf, stond er in de vensterbank alleen nog een bak met een wandelende tak.

Gek op honden, pony's of cavia's zijn veel kinderen natuurlijk nog steeds. Ze vertellen er honderduit over, bijvoorbeeld als ze een spreekbeurt geven.

Van juf Sanne Reuten kreeg ik een afbeelding uit een presentatie over katten.

'Wat eten katten?' vroeg een leerling uit haar groep 6 zich af.

Ze gaf zelf het antwoord: 'Niet alle katten lusten hetzelfde. Maar de meeste katten eten brokken uit de Lidl.' Weer wat geleerd.

Als ik mijn 'dierenplaatjes' bekijk, valt me op dat een aantal foutjes telkens terugkeert.

Een schildpad wordt vaak een 'scheelpad' genoemd.

En 'hommel' schrijven veel jonge kinderen nietsvermoedend als 'homo'.

Razend populair blijven eenhoorns. Maar wat zijn dat nou eigenlijk?

'Een sort van paart maar een eenhoorn heft een hoorn en flugels.'

Duidelijk.

Ondertussen is de gewone huis-tuin-en-keuken rups zeldzaam geworden. Bij een tekening van dat beestje denken een heleboel leerlingen direct aan een eikenprocessierups. Of, zoals een van hen noteerde: de 'prooseko-rups'. Proost!

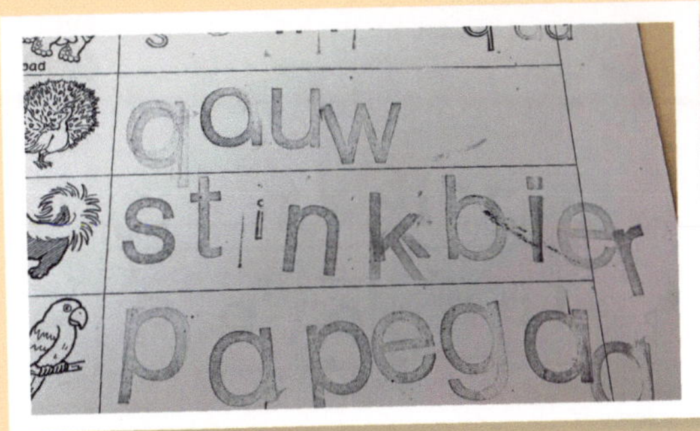

Dit lijkt me niet zo heel erg lekker.

Kroko ... billen! Als kleuters leren schrijven, gaat er natuurlijk wel eens iets mis. Een veelgemaakt foutje: van de 'd' een 'b' maken.

In groep 5 is een nieuwe diersoort ontdekt.

Mick uit groep 4 heeft hard gewerkt aan een opdracht over bijen.

Van rechts naar links schrijven, ook dat doen kleuters wel vaker. Foutloos, wat knap!

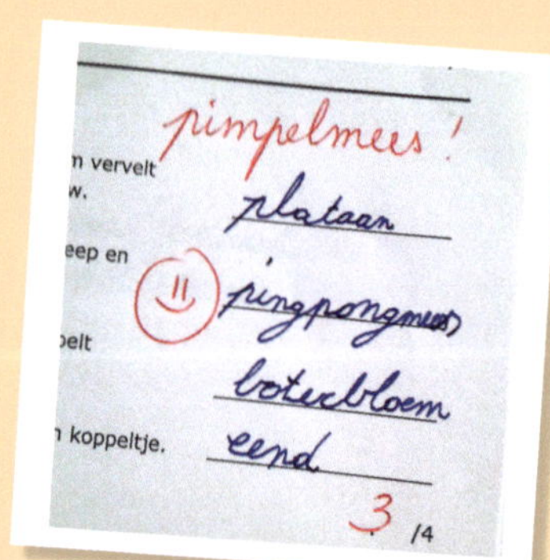

Van deze mees had ik nog niet eerder gehoord. Maar onder scholieren is het kennelijk een bekend vogeltje.

Deze rups heeft een extra regel nodig.

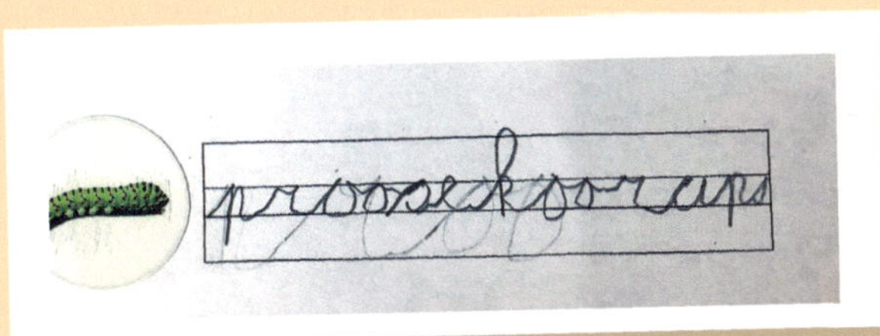

Proost!

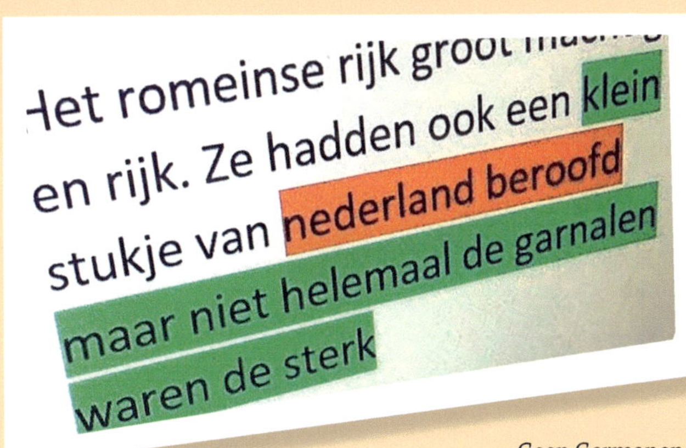

Geen Germanen, maar garnalen.

Een goed werkstuk biedt nieuwe inzichten.

Dit creatieve antwoord reken ik goed.

'Niet alle katten lusten hetzelfde. Maar de meeste katten eten brokken uit de Lidl.'

Ram, stier, kreeft, leeuw ... daar past een cavia prima tussen.

Kleuters uit Groningen weten hoe een paard echt heet.

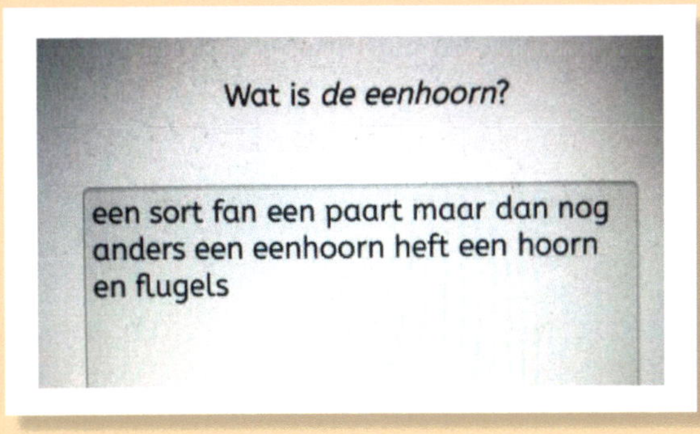

Perfect omschreven.

Luna (7 jaar) heeft een schitterende zaabeltandtijger en manmoet getekend.

De leerling die dit schreef zit op een nieuwkomersschool en woont nog maar kort in Nederland.

'Stoplicht', is eigenlijk het antwoord. Maar dit reken ik ook goed.

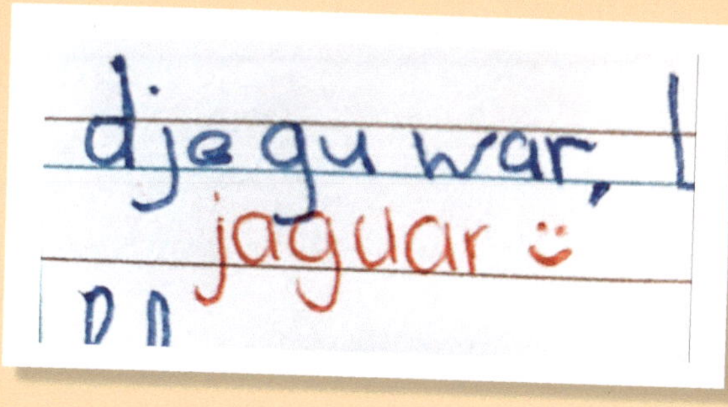

Schrijf dat woord maar eens goed. Lastig hoor.

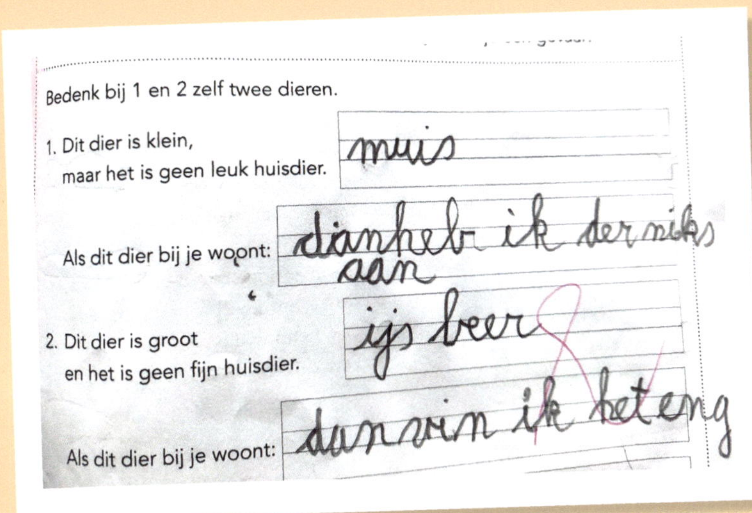

Ik heb ook liever een kat of een hond.

Wie is er nou bang voor die leuke Dikkie Dik?

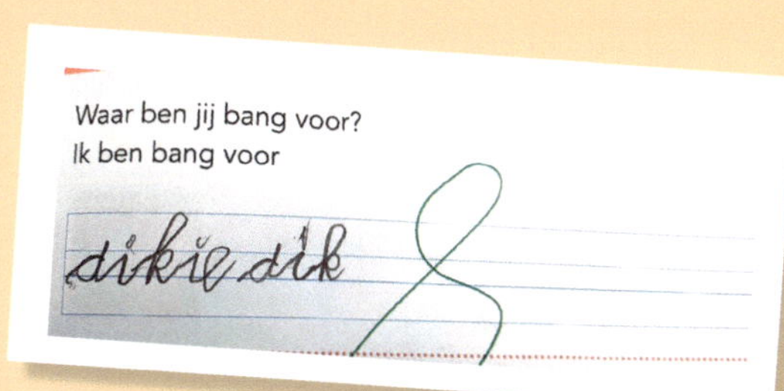

HET BIERBOS

Topografie was vroeger mijn favoriete schoolvak. Ik denk dat ik het een overzichtelijk klusje vond, lekker rijtjes stampen. De Waddeneilanden kreeg ik onder de knie met behulp van het ezelsbruggetje TVTAS. En ik hoor mezelf nog monotoon 'Tour, Le Mans, Orléans' opdreunen, drie Franse plaatsen die met een beetje fantasie een driehoek vormen.

Ook droomde ik graag even weg als ik stuitte op een exotisch klinkende, ver weg gelegen stad, gebergte of rivier. Vladivostok, de Mississippi, de Kaukasus, Santiago, of Buenos Aires – zouden leerlingen daar ook zwoegen op de kaart van Nederland?

Meestal haalde ik prima cijfers, maar ik maakte er ook weleens een potje van. Vilnius, was dat nou de hoofdstad van Estland, Letland, of Litouwen? Tot op de dag van vandaag krijg ik het niet in mijn hoofd geprent.

Topografie-blunders zijn onuitroeibaar. Het is lastig zat om te onthouden waar al die verre oorden precies liggen. Om de namen dan ook nog foutloos op te schrijven, dat is voor veel kinderen nét iets te veel gevraagd.

Ver van huis ben ik onder meer al het 'Suède Kanaal' en 'Vegetarnië' tegengekomen. Maar ook in en rondom Nederland blijken plekjes te liggen die tot voor kort geen belletje bij mij deden rinkelen. Zoals de Moordzee en Permenent. Verder ben ik erg benieuwd naar het Bitch Bos. Hetzelfde gebied staat bij een andere leerling bekend als het Bierbos. Ik denk dat ik snel eens langsga!

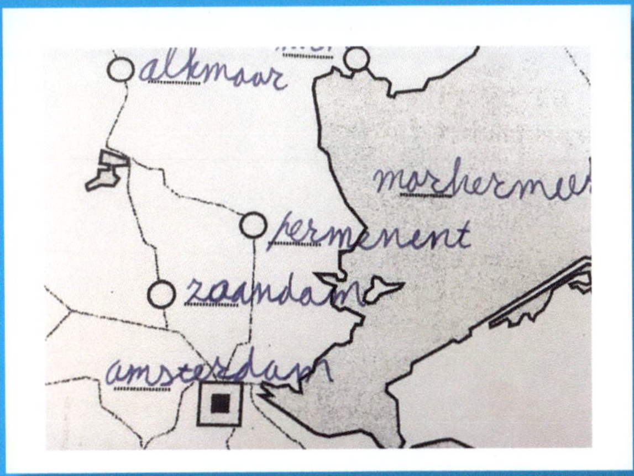

Ik weet niet of ik er permanent zou willen wonen, maar het is vast een leuke plaats.

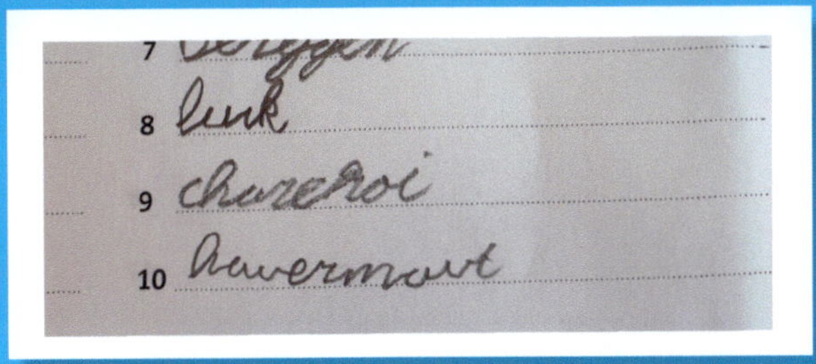

Havermout? Het goede antwoord is 'Bastogne'

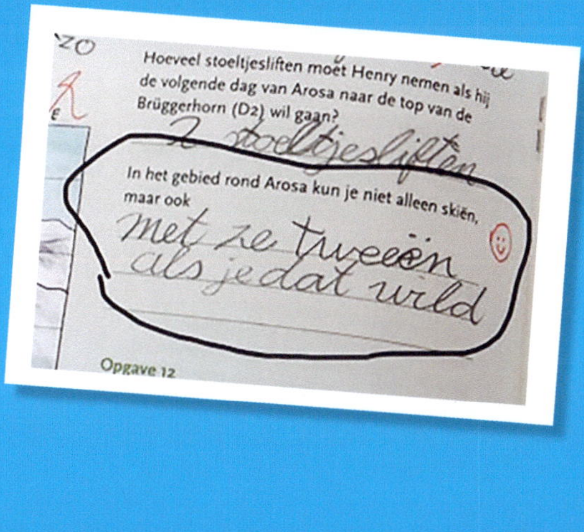

Dat lijkt mij veel gezelliger!

Waar zat deze leerling uit groep 5 met zijn gedachten?
In elk geval niet in Nederland!

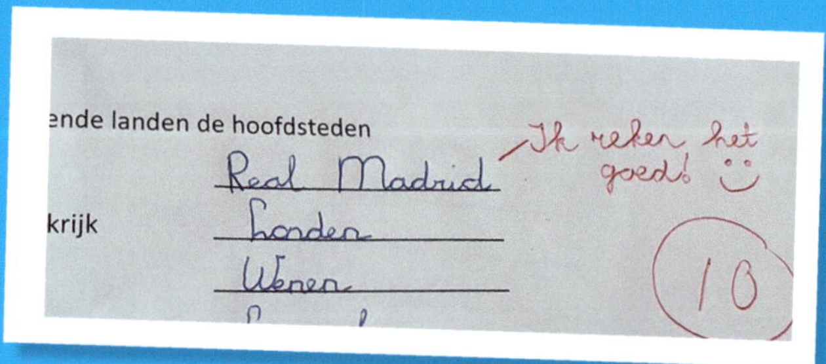

Vast een voetbalfan.

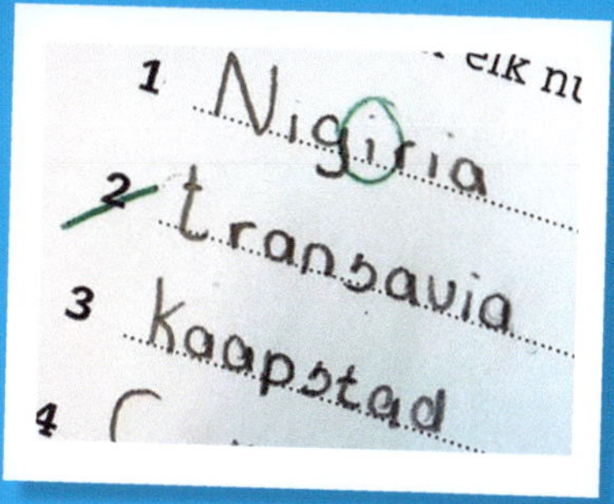

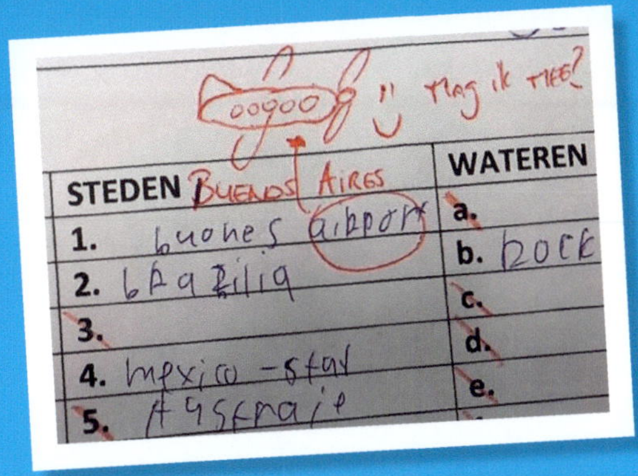

Naar Buenos Aires en Tanzania is het inderdaad een eind vliegen.

Niet Venetië, maar...

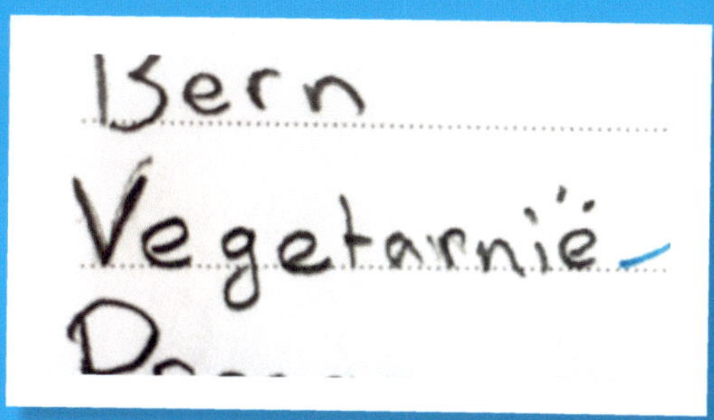

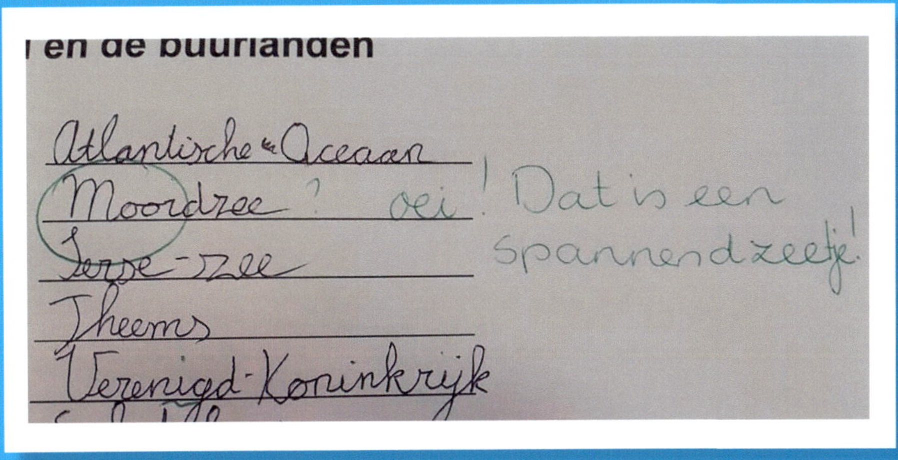

Daar gebeuren hele enge dingen.

Ook wel bekend als het Suezkanaal.

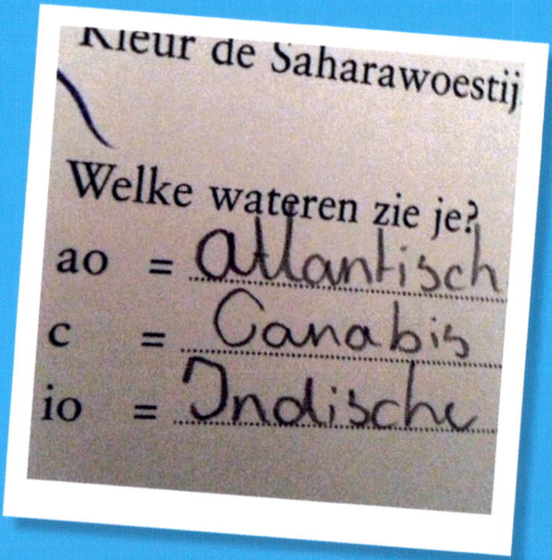

C = Caribische Zee

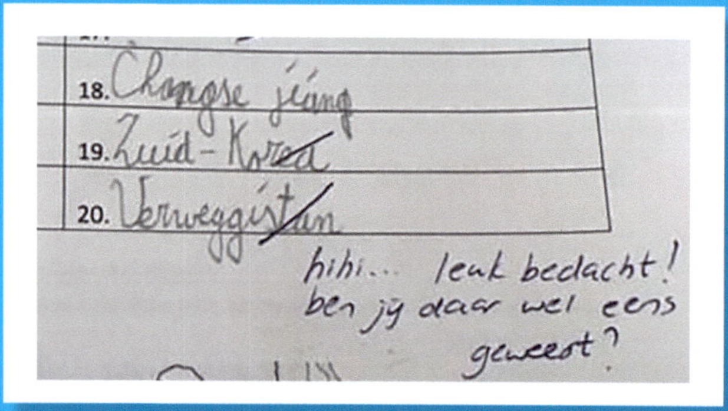

Wie gaat er mee naar Verweggistan?

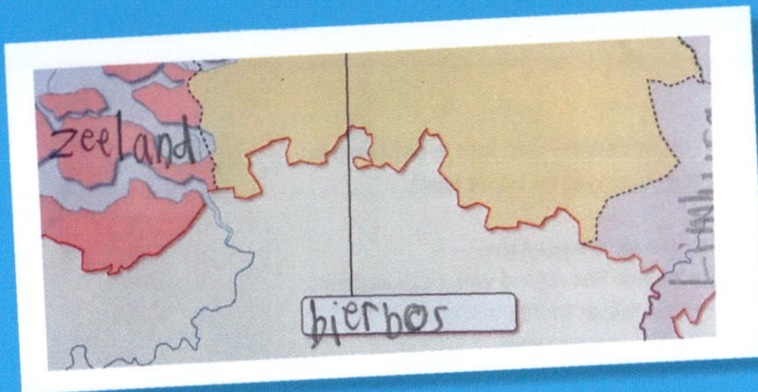

Een mooie nieuwe naam voor De Biesbosch.

‘Ik erg benieuwd naar *het Bitch Bos.* Hetzelfde gebied staat bij een andere leerling bekend als *het Bierbos.*’

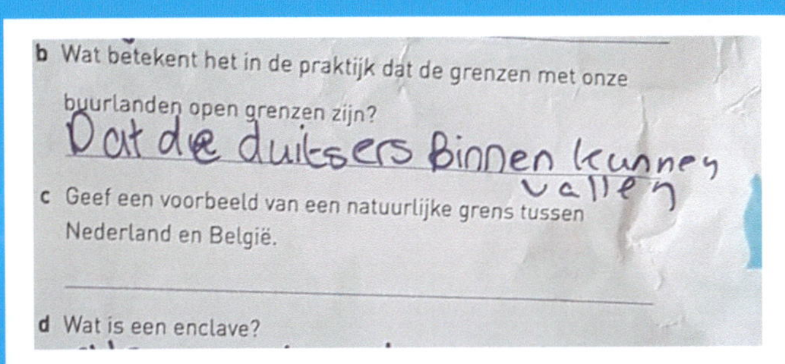

Deze leerling heeft een oude geschiedenisles in haar oren geknoopt.

Wie durft een gokje te wagen?

LETTERLIJK

• • • • • • • • • • • • • • • • • •

Gelukkig maar, dat leerlingen niet perfect zijn. Als iedereen onberispelijk zou rekenen en schrijven, hield ik maar weinig 'kinderlogica-plaatjes' over. Dan was dit boek nooit verschenen!

Ik probeer vooral de humor van een flater of vergissing in te zien. Want een beetje relativeren kan zelden kwaad. Toch lopen de gemoederen soms hoog op onder de mensen die de afbeeldingen op mijn Facebook- of Instagram-pagina bekijken. Vooral als kinderen een opdracht iets te letterlijk nemen.

Als er 'vul het woord goed in' boven een opdracht staat, kan het gebeuren dat iemand twee kolommen volschrijft met 'goed', 'goed', 'goed' en nog heel veel keer 'goed'.

Nou, dan zijn de rapen gaar.

'De leraar heeft het vast niet goed uitgelegd', is steevast een van de reacties.

Of: 'Wat een slechte lesmethode.'

'Ons onderwijs deugt niet!'

Sommige mensen geven graag iets of iemand de schuld – zelfs als ze geen idee hebben hoe de vork in de steel zit.

Ook voor mij is vaak onduidelijk hoe een taalfoutje ontstaat. Ik was er niet bij in de klas. En wat er precies in de koppies van de kinderen omgaat, blijft gissen.

Af en toe probeer ik de gemoederen een beetje te sussen en opper ik voorzichtig iets wat nog niet bij mijn clubje 'verontwaardigde volgers' is opgekomen.

Misschien zat deze leerling net op de wc toen werd verteld wat de bedoeling was. Wie weet tuurde hij uit het raam en droomde even weg. Of had hij gewoon geen zin om op te letten.

Geloof me maar: dat overkomt iedereen weleens.

Kleur de eerste letter van het woord oranje en de laatste letter groen.

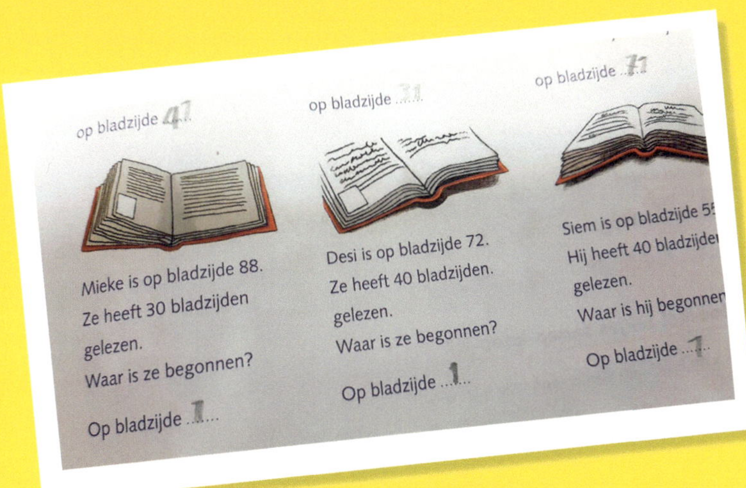

Hier valt weinig tegen in te brengen.

Aan elkaar!

Goet gedaan!

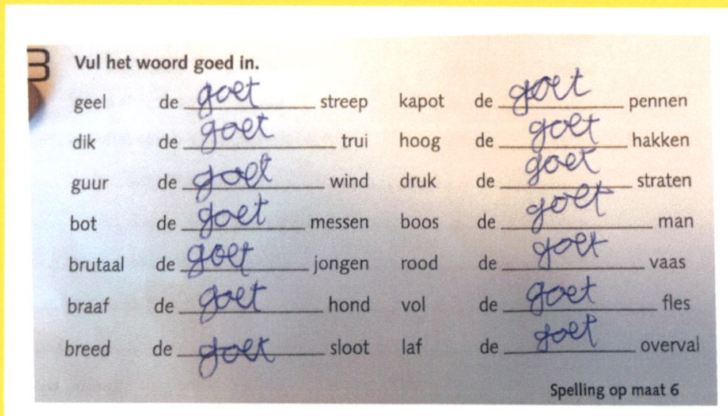

Deze 'Rompompom'-opdracht is gemaakt door een meisje van 5.

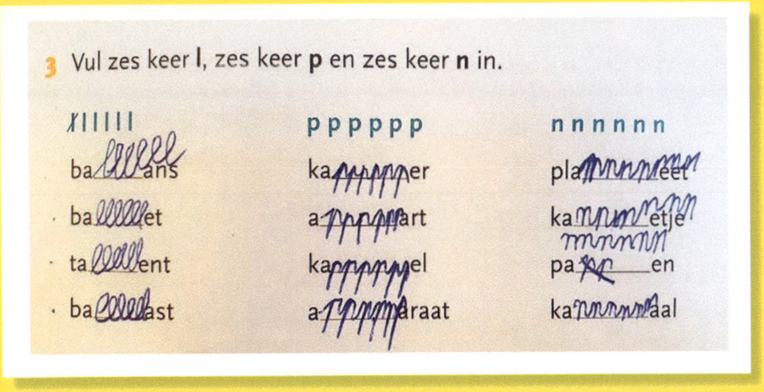

Spelling, groep 6

Zo gezegd, zo gedaan.

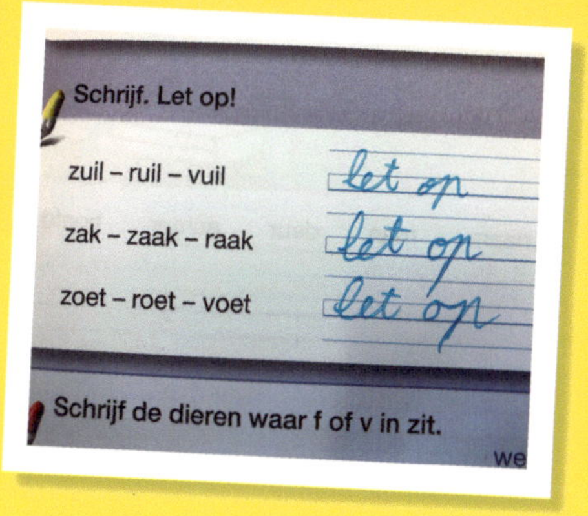

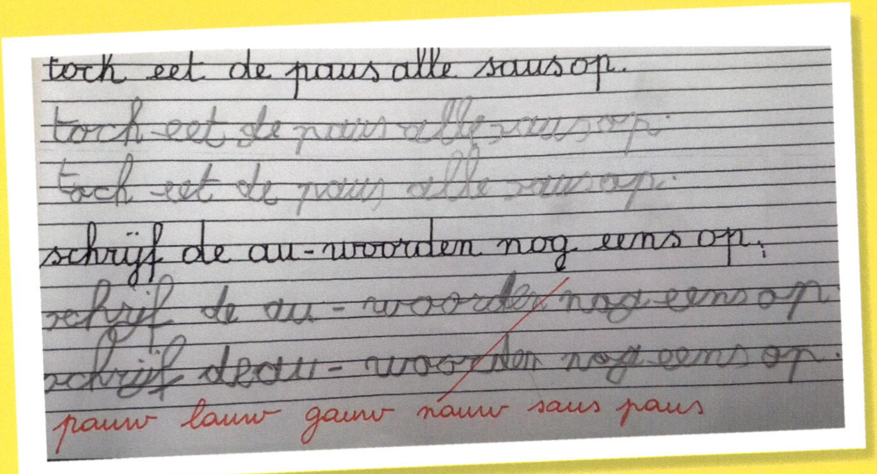

Ik snap de verwarring wel. Maar voor de zekerheid legt de leerkracht het nog eens duidelijk uit.

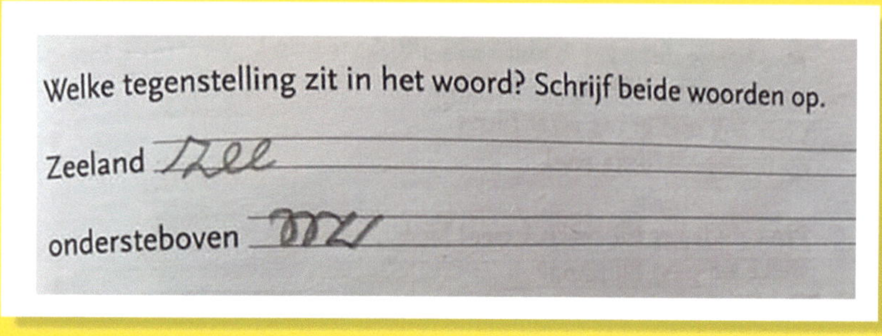

Een pittige opdracht voor groep 4. Logisch dat je daar ondersteboven van raakt.

'Als iedereen onberispelijk zou rekenen en schrijven, hield ik maar weinig kinderlogica-plaatjes over. Dan was dit boek nooit verschenen!'

Zo kan je instructies ook opvatten!

'Schrijf een compliment op voor je ouders', was de opdracht.

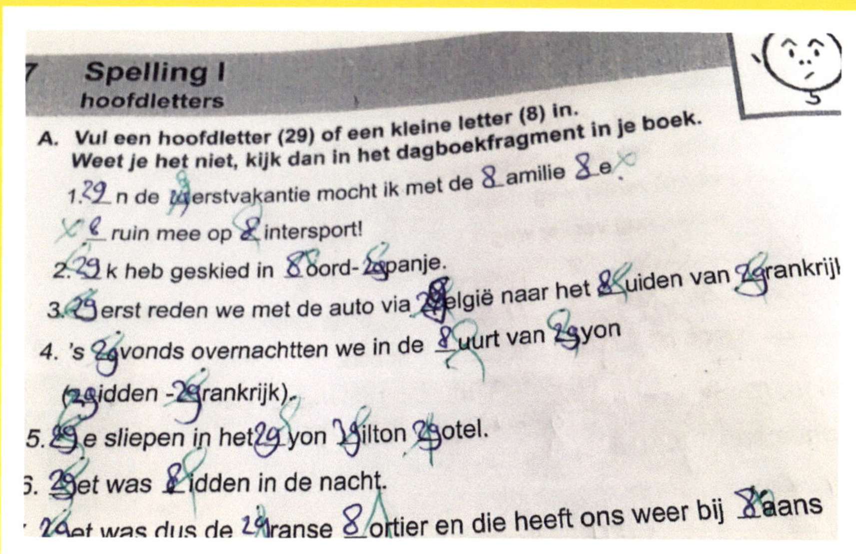

De juf rekende het goed!

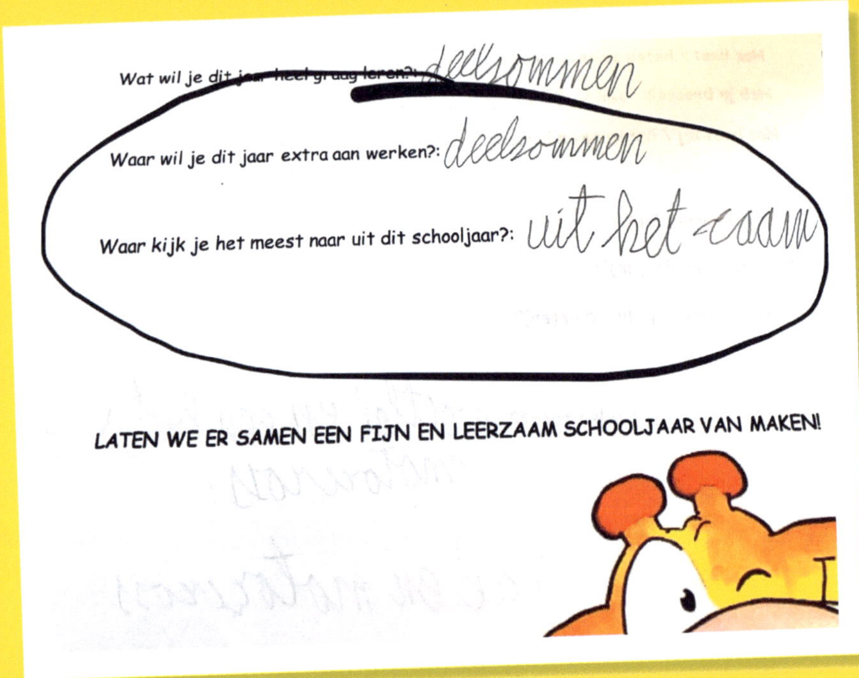

Zo kan je het ook bekijken.

'Of' mag niet ontbreken.

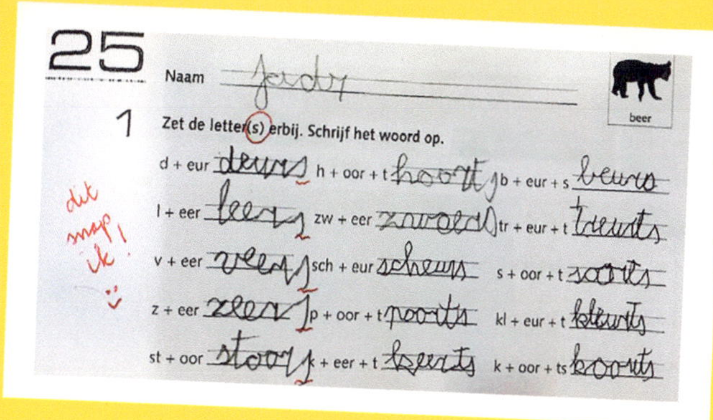

Judy uit groep 4 doet precies
wat er staat.

Teken 1 meer.
Zo gezegd,
zo gedaan.

KOEKEL

Stapelgek word ik er soms van.

Heb ik al dat geswipe, getik, gedruk en gesleep op mijn telefoon en computer eindelijk een beetje in de vingers... Heb ik net het gevoel dat ik iets niet op goed geluk iets opsla, maar weet waar ik het bewaar... En lukt het zowaar om een videogesprek via Whatsapp te voeren, zonder eerst drie keer de verbinding te verbreken...

Dan zal je zien dat het weer tijd is voor een update!

Er is geen houden aan. Versie 14.93 wordt geïnstalleerd. En pats boem: alles is anders. Tweestapsverificatie, cloud-synchronisatie... Ik weet niet wat het allemaal is, maar wél dat het pas werkt nadat ik mijn wachtwoord heb ingevuld.

Mijn wachtwoord? Help!

Stuntelen met ICT is iets voor volwassenen. Kinderen op de basisschool weten wel raad met die moderne technologie. Mijn jongste neefje speelde in de box al met rammelaars én een tablet. Als kleuter kon hij er vlotter mee overweg dan zijn oom.

Chromebooks met touchscreens, iPads met Facetime; terwijl ik zoek naar de gebruiksaanwijzing, hebben kinderen allang door hoe de nieuwste 'features' werken.

Ik word op alle fronten afgetroefd. Behalve als het gaat om spelling!

'Ik zit op de aaipet.'

'Mijn tut screen werkt niet.'

'Dat zoek ik op Koekel.'

Pas als leerlingen over die digitale snufjes schrijven, gaan ze de mist in. Stiekem vind ik dat helemaal niet erg. Is er tenminste nog íéts waar ik beter in ben.

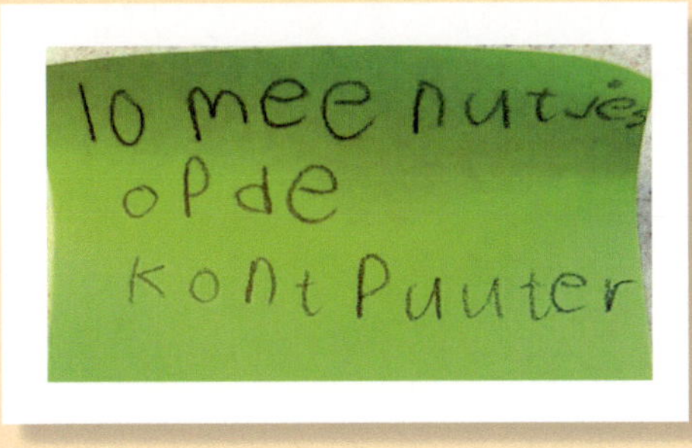

Wat wil je graag doen als je klaar bent met je werk?

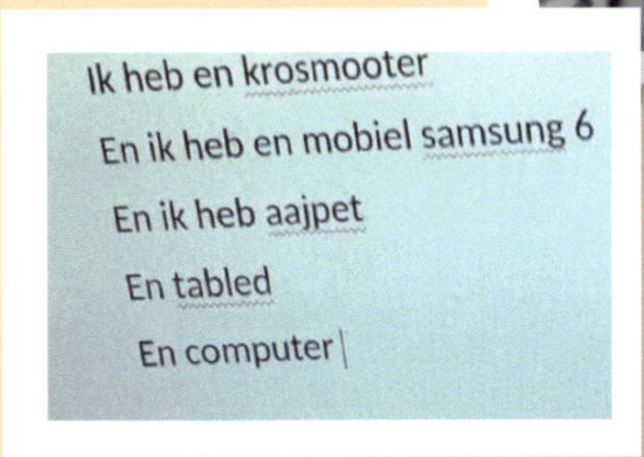

Aaipet, aajpet, ei-pet, ajpet, uitpet: dit woord wordt op een heleboel verschillende manieren gespeld.

In groep 5 wordt het de kinderen gelukkig al geleerd: Saaiber pesten is niet leuk.

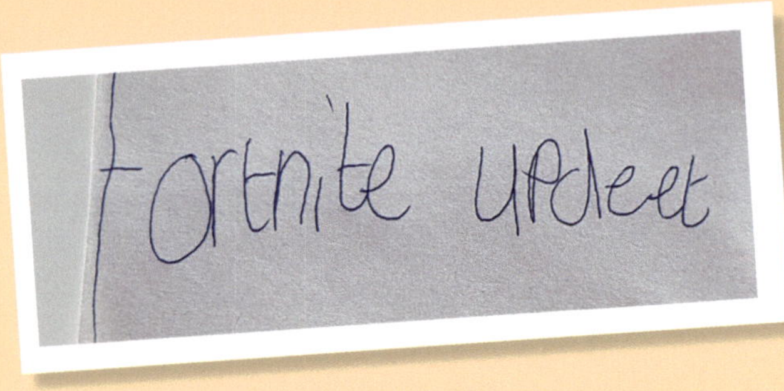

Ook games krijgen af en toe een 'updeet'.

Koen wil graag een bijzondere telefoon.

Weer zo'n moeilijk woord.

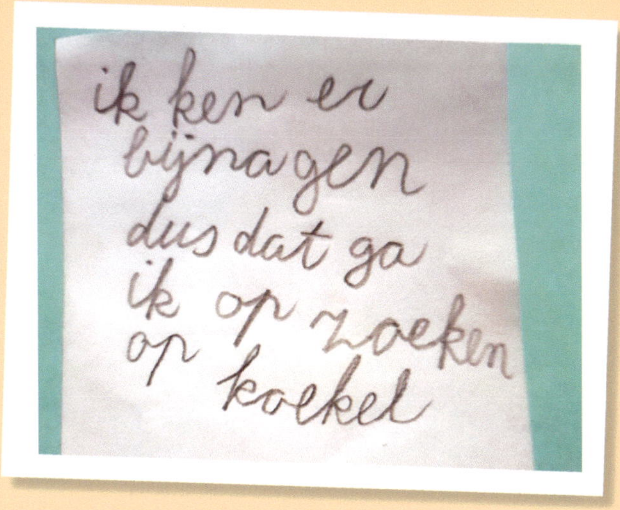

Djulia,
9 jaar,
vertrouwt op
Koekel.

'Ik word op alle fronten afgetroefd. Behalve als het gaat om spelling! *Dat zoek ik op Koekel.*'

Matthias (8 jaar) heeft dure wensen. Hij wil onder meer een SamSoem-Aypet.

YouTube – dat zegt veel kinderen niks. Maar Joetjoep kennen ze allemaal!

Esmee (6) jaar zat gekluisterd aan haar kompjoeter.

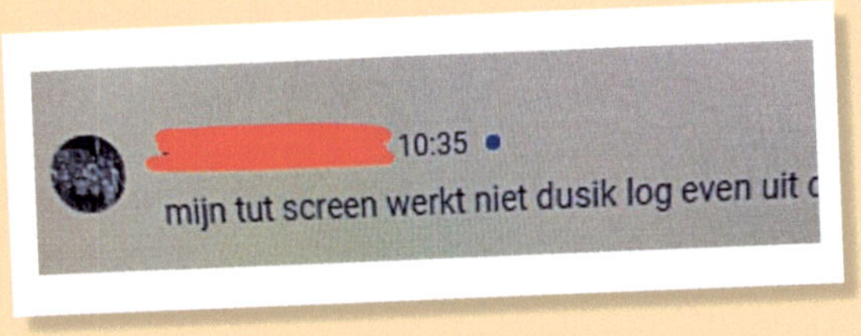

Groep 7 worstelt met het 'tut screen'.

Faeden, 7 jaar.

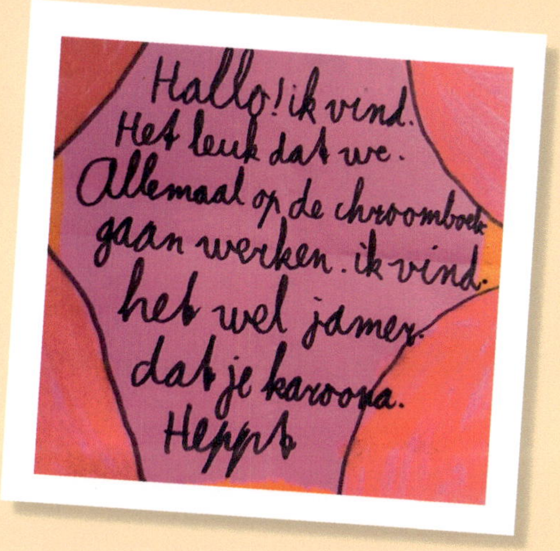

Juf Marjon geeft online les omdat ze karoona heeft. Gelukkig zijn de chroomboeks er nog.

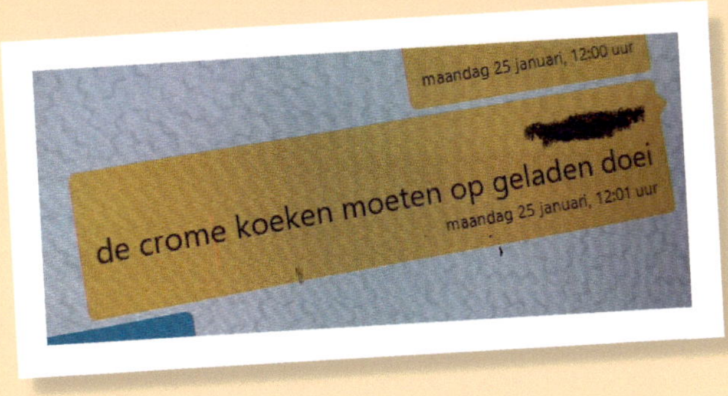

De crome koeken zijn alweer op.

Dat wordt vast gezellig.

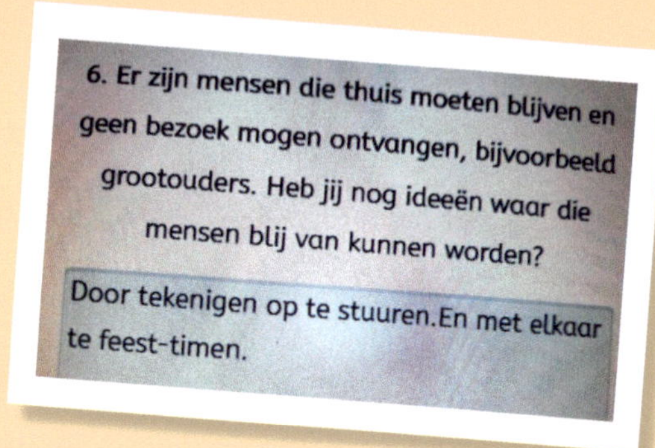

Klaartje, 7 jaar.

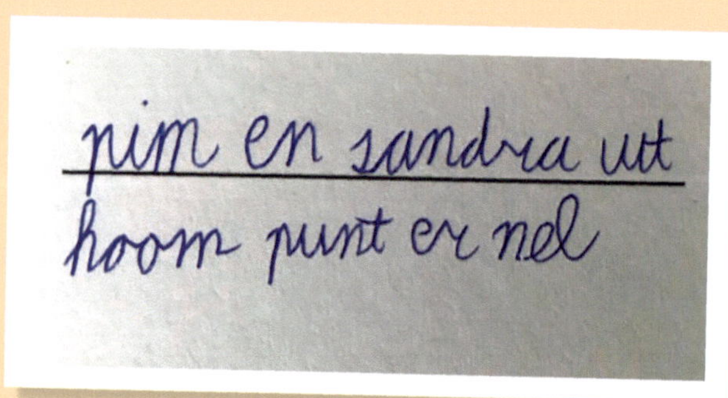

Dit meisje uit groep 3 heeft ontdekt welk e-mailadres haar ouders gebruiken. Maar of haar berichtjes aankomen?

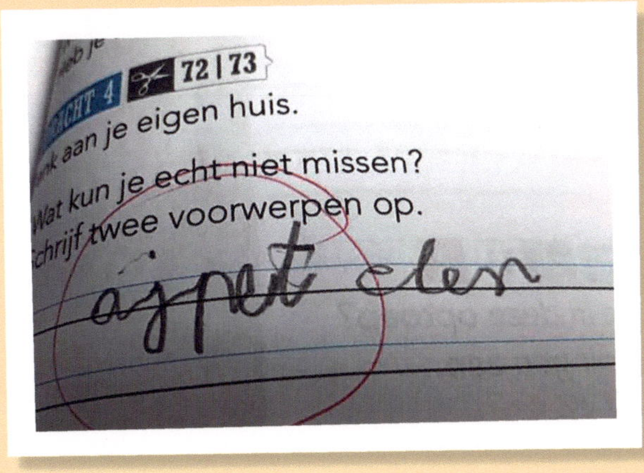

Deze leerling uit groep 4 is bijzonder gehecht aan zijn 'ajpet'.

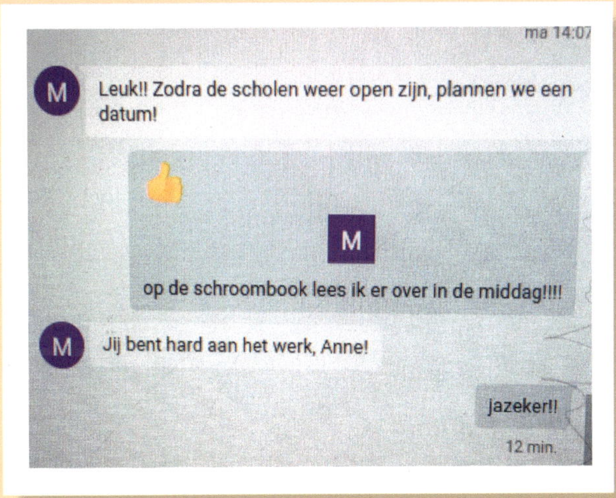

Linda Fürst ontdekte dit digitale gesprekje tussen haar dochter van 7 en de juf.

DE ZEEMEERMIN

Je hebt het iedere dag. Soms is het goed, soms niet. Als het niet goed is, heb je er last van.

Ra, ra, wat is het?

De 7-jarige Bram wist het meteen. 'Je moeder', schreef hij. Andere leerlingen losten het raadsel ook creatief op. Een paar voorbeelden:

'Je adem.'

'Je baby.'

En: 'Poep!'

Ik reken het allemaal goed. Al hadden de bedenkers van deze opdracht iets anders in gedachten: 'Je humeur'.

De volgende bladzijdes staan boordevol raadsels. Soms ligt het antwoord voor de hand. Soms lijkt er geen touw aan vast te knopen. Ook op Facebook en Instagram krijg ik originele reacties wanneer ik een raadsel deel.

Ik sta in warm land. Ik draag kokosnoten
Ik ben een ...

'Groenteboer', schreef iemand. 'Toerist', opperde een ander. En meerdere mensen dachten aan een Hoela-danseres. Er kwamen nog meer suggesties: een aap, een ezel, de barbediening en een palmboom.

Palmboom! Tadaa: Dat is volgens de makers van de lesmethode het juiste antwoord. Allemaal goed en wel. Maar de ingeving van de zevenjarige Denya ('zeemeermin') vind ik fraaier.

Voor de allermooiste antwoorden heb je natuurlijk niks aan een antwoordenboek. Lees dit raadsel maar:

Het is een toets. Als je ervoor slaagt, krijg je een diploma.
Het is een ...

Examen? Een leerling wist wel beter: 'Het is een prachtige dag.'

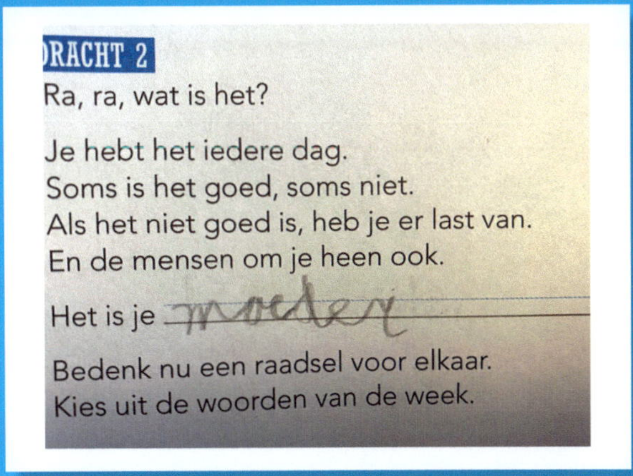

OPDRACHT 2

Ra, ra, wat is het?

Je hebt het iedere dag.
Soms is het goed, soms niet.
Als het niet goed is, heb je er last van.
En de mensen om je heen ook.

Het is je moeder

Bedenk nu een raadsel voor elkaar.
Kies uit de woorden van de week.

Wijze woorden van Bram uit groep 4.

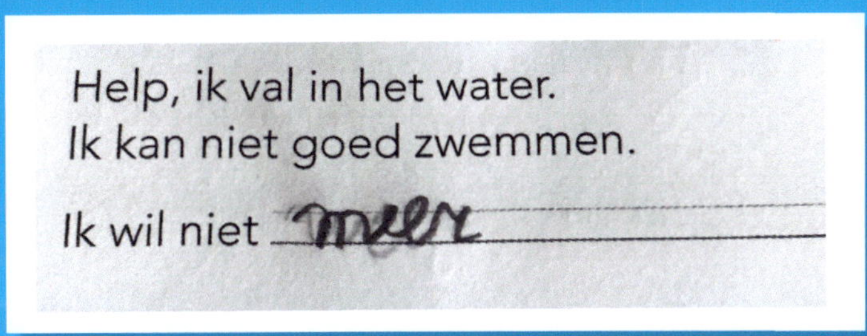

Help, ik val in het water.
Ik kan niet goed zwemmen.

Ik wil niet meer

De een wil niet verdrinken, de ander geeft er liever de brui aan.

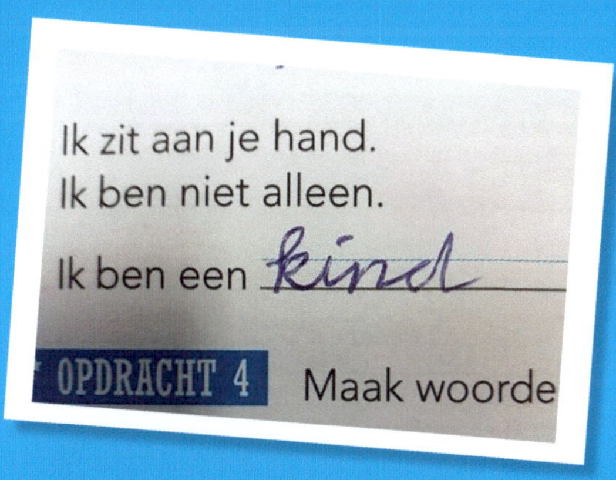

Ik zit aan je hand.
Ik ben niet alleen.

Ik ben een kind

OPDRACHT 4 Maak woorde

Een andere leerling schreef: 'een engel'.

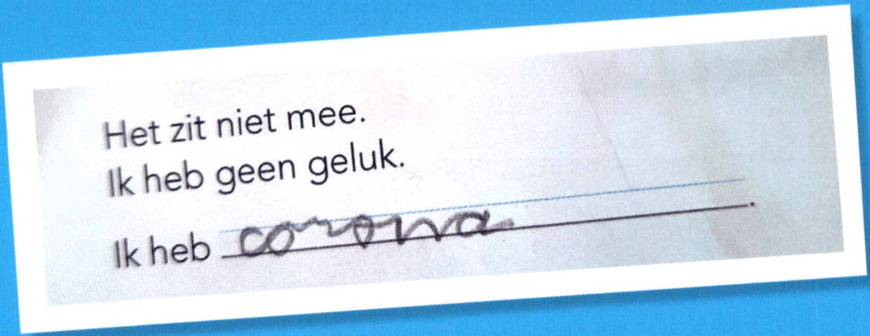

Wat een pech.

Dezelfde vraag...
een iets ander
antwoord.

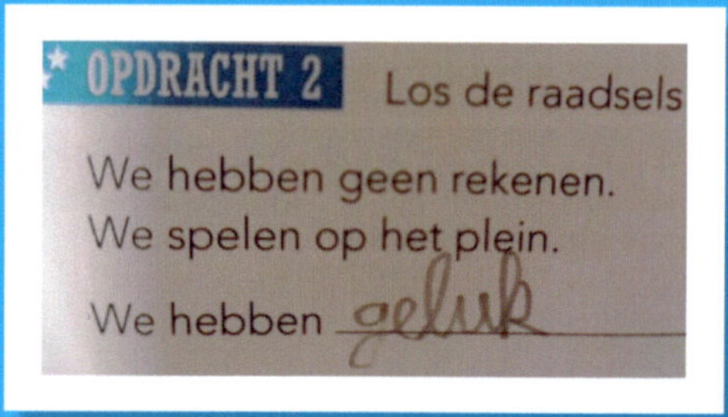

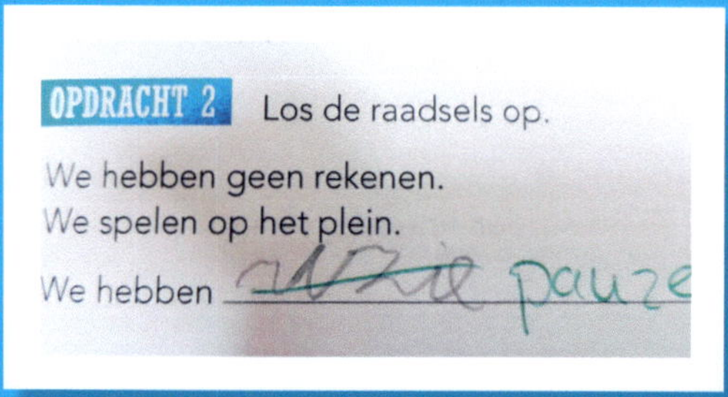

Deze leerling neemt geen halve maatregelen.

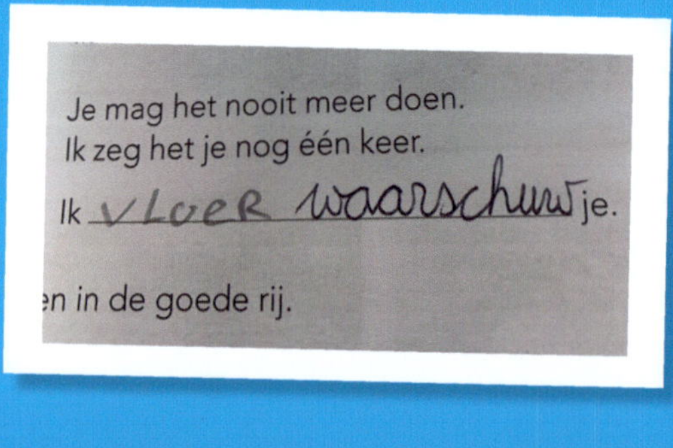

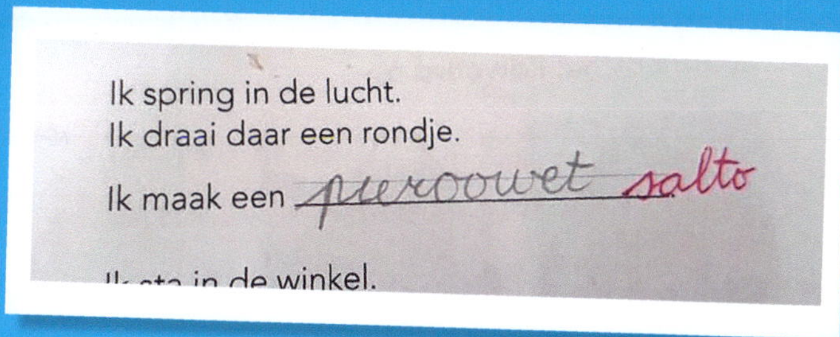
Ik spring in de lucht.
Ik draai daar een rondje.
Ik maak een ~~pieroowet~~ salto
Ik sta in de winkel.

Niet helemaal goed schreven, wel heel goed bedacht.

‘Soms is het goed, soms niet.
Als het niet goed is, heb je er last van.
Wat is het? *Je moeder.*’

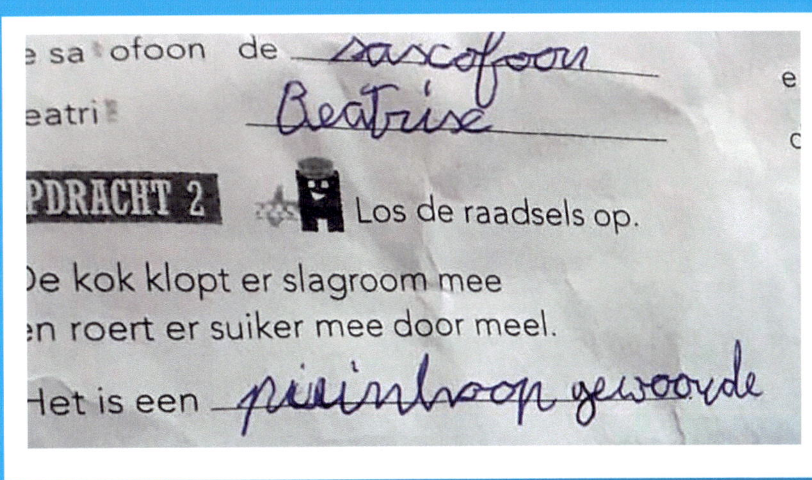
e sa ofoon de saxcofoon
eatri Beatrise
PDRACHT 2 Los de raadsels op.
De kok klopt er slagroom mee
en roert er suiker mee door meel.
Het is een piinhoop gewoorde

Dat gebeurt mij altijd met een beslag.

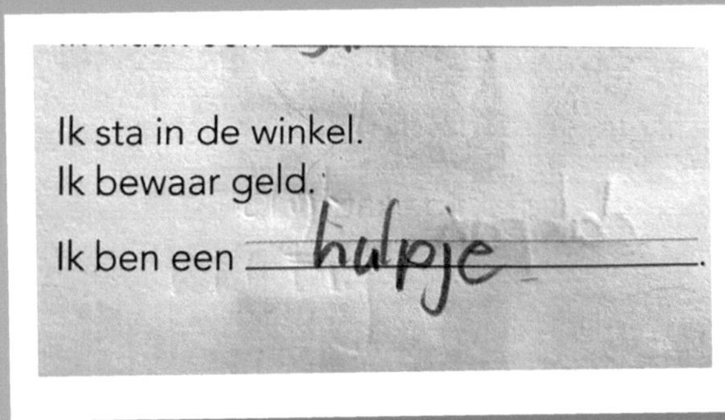
Ik sta in de winkel.
Ik bewaar geld.
Ik ben een hulpje.

Een kassa-hulpje.

In het antwoordenboek staat 'palmboom'. Maar doe mij maar deze sprookjesachtige oplossing van Denya (7 jaar).

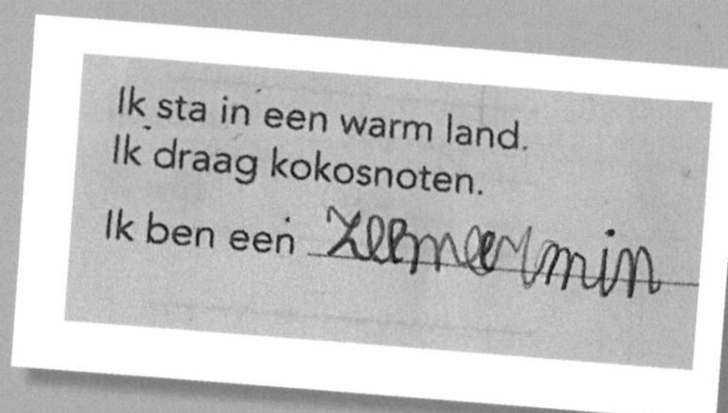
Ik sta in een warm land.
Ik draag kokosnoten.
Ik ben een Zeemeermin

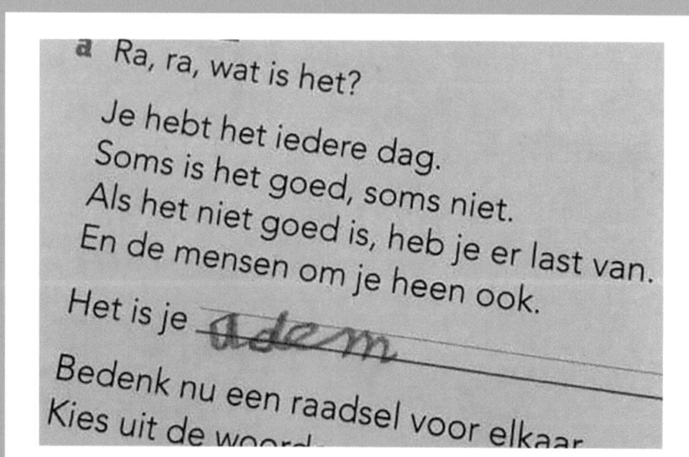
a Ra, ra, wat is het?
Je hebt het iedere dag.
Soms is het goed, soms niet.
Als het niet goed is, heb je er last van.
En de mensen om je heen ook.
Het is je adem
Bedenk nu een raadsel voor elkaar.

De leerling die dit bedacht krijgt van mij een dikke tien.

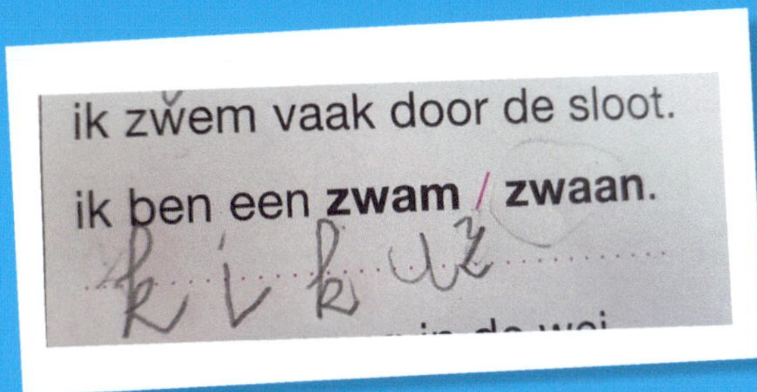

Volgens de zevenjarige Caylen zwemmen er geen zwanen in de sloot, maar kikurs.

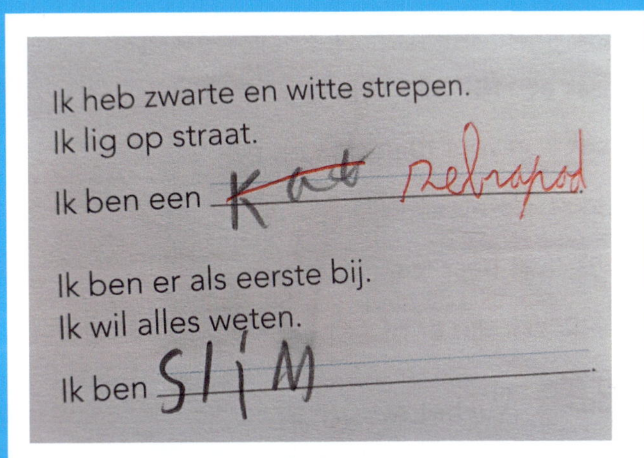

Ik hoop maar dat de kat nog springlevend is en snel weer verderloopt!

MEKDONOLTS

Of het nou een groep kleuters is of een klas vol pubers, als kinderen het over hun lievelingseten hebben, weet je één ding zeker: het duurt niet lang voordat McDonald's wordt genoemd. 'Mikdonots', 'Mekdonolts', of 'Mekdonuls' – hoe ze het ook schrijven, ze bedoelen allemaal hetzelfde. Likkebaardend denken leerlingen terug aan die keer dat ze daar een 'hepiemil' of 'kipnukuts' aten.

Talloze mensen blijven de rest van hun leven verknocht aan fastfood. Anderen verbreden hun smaak. En soms gebeurt dat al op jonge leeftijd. Neem nou de 6-jarige Yara. Zij houdt van 'gebake sjampijons'. 'Mar ok rouwe sjampion'. Ik moest het even rustig lezen, maar toen begreep ik het. Yara is nu al een echte groenteliefhebber.

Kinderen laten graag duidelijk weten wat ze lekker vinden. Zo nodig stoppen ze in hun brooddoos een briefje met strikte instructies voor papa of mama.

De 7-jarige Meintje wil drie boterhammen mee naar school. 'En apol met kaanil.'

Als de lunch tegenvalt, krijgt het thuisfront dat ook te horen. Reken maar! Alweer een paar jaar geleden ontving ik een foto van een onaangeroerde krentenbol. Ernaast lag een briefje. 'Sorry mam, maar getverdemme!' Een andere ontevreden leerling liet in haar broodtrommel een post-it achter met de hartenkreet: 'Ik zij twee koeken!'

Weest gerust: niet elke leerling geeft culinaire commando's aan zijn ouders. Er zijn ook kinderen die graag zelf aan de slag gaan in de keuken. In dit hoofdstukje over eten en drinken staat een lekker koekjesrecept van Cira. Vergeet vooral de 'finingsingtatjs' niet!

Yara, 6 jaar, is een echte champignonliefhebber!

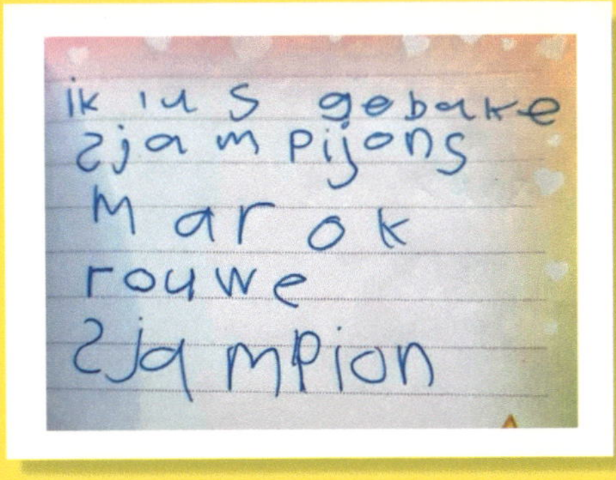

Drie boterhammen én appel met kaneel. Meintje (7 jaar) weet wat ze wil.

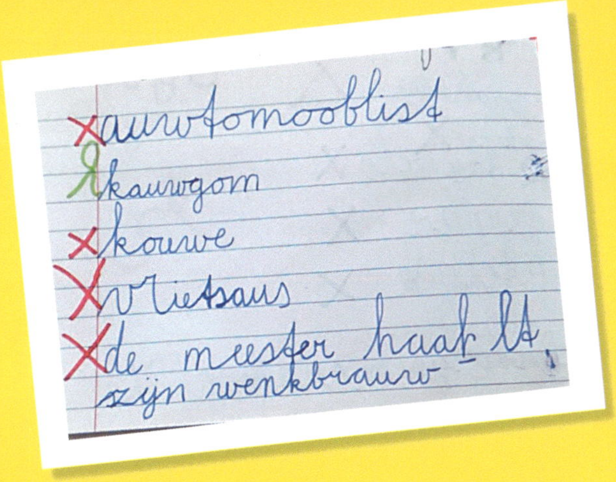

Wat een moeilijke woorden. Maar het begin is er: 1 goed.

Fanieljevla vind ik erg lekker. Dus fanieljemelk ga ik ook eens proeven.

Ik krijg spontaan trek.

Ik ook!

Voor al het eten
uit de diepvries
is er nu de ......

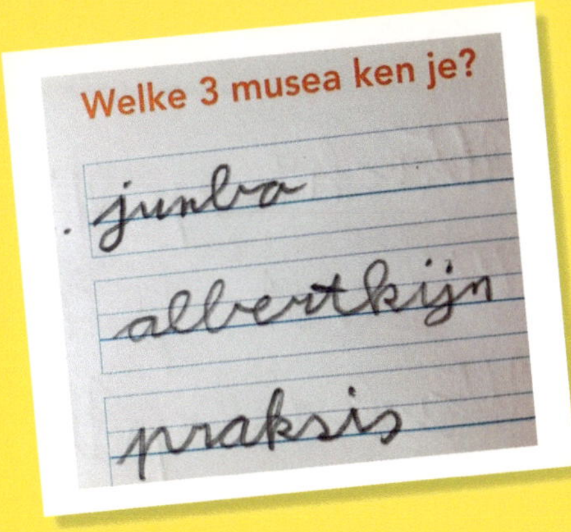

Daar vind je vast culinaire kunstwerken.

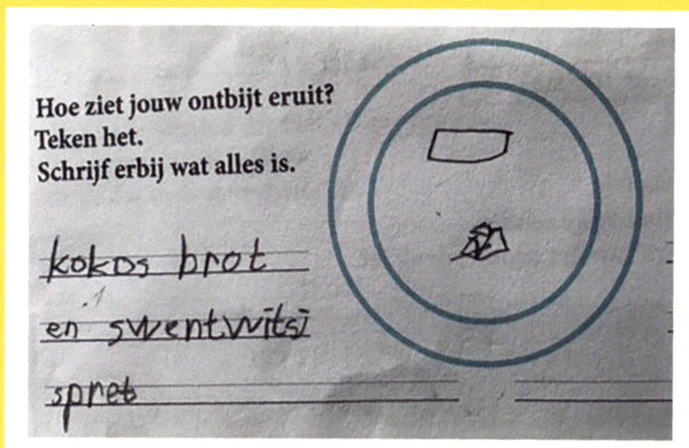

Wie eet er ook wel eens boterham met 'swentwitsj-spret'?

Gezellig buiten pikliken!

Voor hepiemils en kipnukuts moet je naar Mekdonolts. Of Mikdonuts.

‘Likkebaardend denken leerlingen terug aan die keer dat ze daar een ‘hepiemil’ of ‘kipnukuts’ aten.’

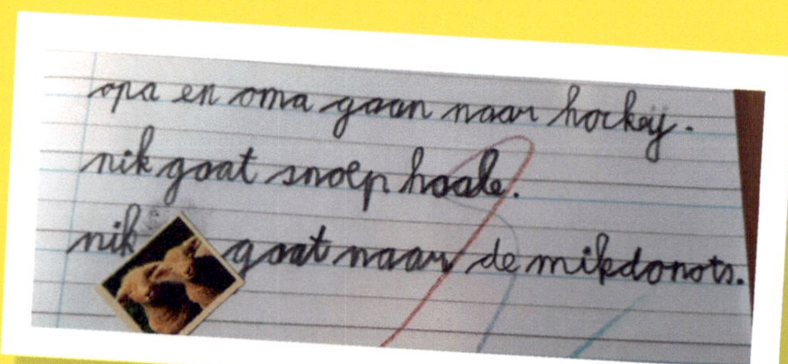

Groep 3 schreef voor de eerste keer een verhaal. 'Je mag alles zijn wat je wilt', zei de juf. Deze leerling koos voor … 'Knakie het knakworstje'.

Koken met groep 4.

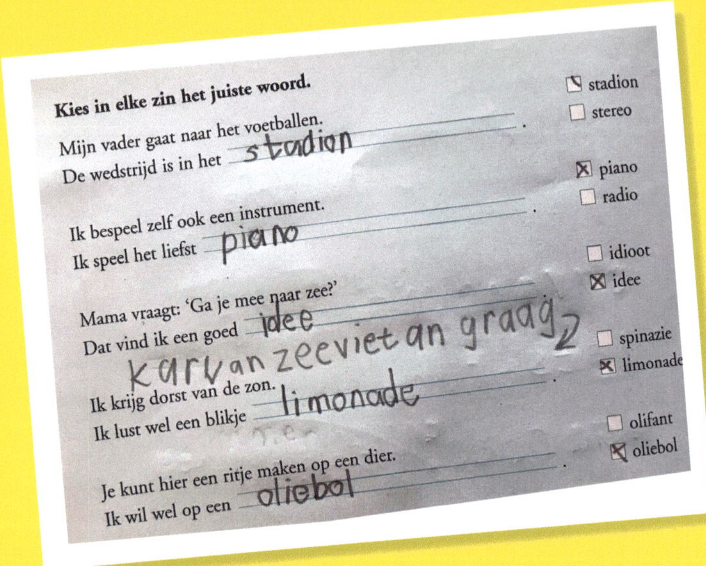

Kies in elke zin het juiste woord.

Mijn vader gaat naar het voetballen.
De wedstrijd is in het stadion.

☒ stadion
☐ stereo

Ik bespeel zelf ook een instrument.
Ik speel het liefst piano.

☒ piano
☐ radio

Mama vraagt: 'Ga je mee naar zee?'
Dat vind ik een goed idee

☐ idioot
☒ idee

karvan zeeviet an graag

Ik krijg dorst van de zon.
Ik lust wel een blikje limonade.

☐ spinazie
☒ limonade

Je kunt hier een ritje maken op een dier.
Ik wil wel op een oliebol.

☐ olifant
☒ oliebol

Karvan
Cevitam
graag!

Dat ziet er heerlijk uit.

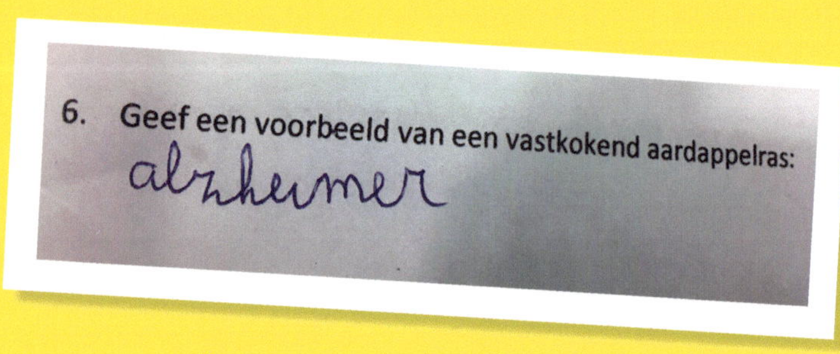

6. Geef een voorbeeld van een vastkokend aardappelras:
alzheimer

Ik was vergeten dat dit ras bestond...

Frietjes? Of vriendjes!

De koekjes .
Wat heb je nodig .
1 ei meel en 3aardbeien.
En boter en we gaan nu door naar hoe je het maakt. Als eerst pak je een pan. Dan breek je het ei en doe je het in de pan. en dan doe je het meel erbij.
En dan de boter.
Dan doe je het in de oven .
En als finingsingtatjs
De aardbeien erop en tadaaaaaa!

Een koekjesrecept van de zesjarige Cira.

THUIS

In mijn 'kinderlogica-collectie' zit een foto die daar op het eerste gezicht niet thuishoort. Er staat geen creatieve ingeving, grappig foutje of bijdehand briefje op, maar een pan met aardappels. Tussen de keukenspullen op het aanrecht ligt nog iets anders: een laptop. Terwijl ze de piepers schilt, houdt juf Ranka Bregman van groep 6 het beeldscherm in de gaten. Waarom? Door de corona-pandemie waren de basisscholen wekenlang gesloten. Leerkrachten en leerlingen werkten – zoals zoveel Nederlanders – thuis.

Een van de kinderen was hem 's ochtends gesmeerd uit Ranka's online les. De juf speurde de spijbelaar digitaal op en zette hem om zes uur 's avonds alsnog aan het werk. Terwijl de jongen zijn sommen maakte, hoorde Ranka zijn moeder roepen: 'Kom je eten?'

'Nee, dat mag niet van de juf! Eerst moet rekenen af.'

Ze is niet altijd zo streng. 'Maar deze knul was tijdens de vorige thuiswerk-periode twee maanden van de aardbodem verdwenen. Dat gebeurt me niet nog eens.'

Ranka was natuurlijk niet de enige die tijdens de lockdowns aan de slag moest met onderwijs-op-afstand. Leerkrachten, leerlingen én hun ouders hadden er hun handen meer dan vol aan. Ze chatten en appten fanatiek met elkaar, overlegden driftig via Teams en Zoom, of probeerden tevergeefs een video-verbinding te krijgen. Ze zetten blitse Powerpoint-presentaties in elkaar. En ze zwoegden ouderwets op topografie, dictees en keersommen.

Logisch dat de communicatie niet altijd vlekkeloos verliep. Maar mij hoor je niet klagen. Want zo valt er om die nare, rare tijd tenminste ook nog wat te lachen!

De hoogste tijd om weer even lekker buiten te gaan spelen!

Tess, 7 jaar, vond het mooi geweest met al dat huiswerk. Ze had nog meer te doen.

Juf Eleen van groep 5 moest een tijdje wachten op de uitslag van een coronatest. Gelukkig bleek die negatief.

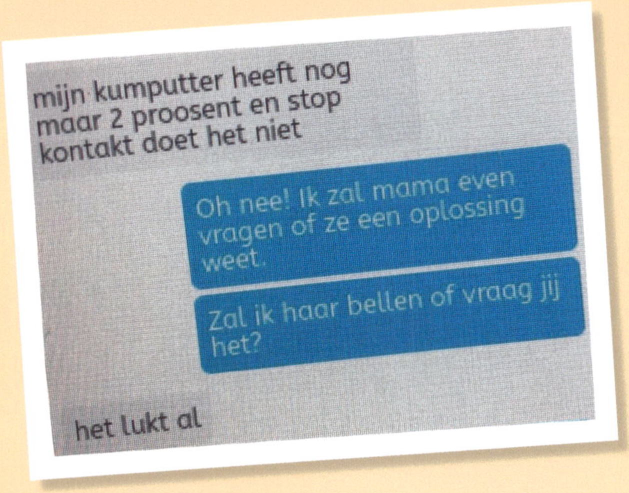

Soms zit alles tegen. En dan wil de juf ook nog met je moeder gaan bellen. Help!

Ook al zijn ze ver weg, die juffen en meesters blijven je achter de broek zitten.

De leerlingen van Ceciel Besjes (groep 4) kletsten met elkaar via 'de chat'.

Ben je net lekker bezig, krijg je wéér een berichtje van je juf.

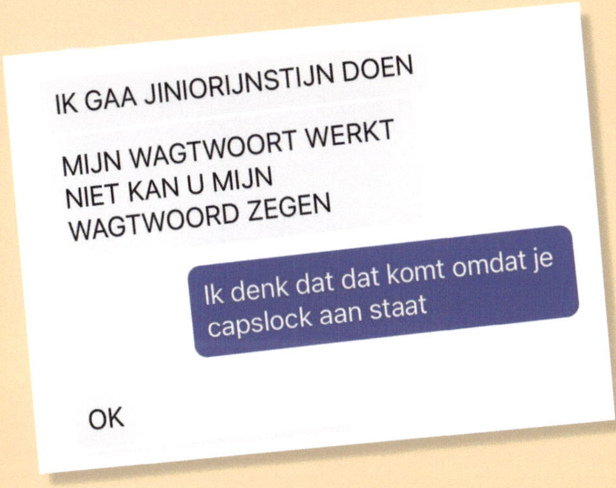

Deze leerling uit groep 5 woont nog maar kort in Nederland. Binnenkort leert hij vast dat wij zo gek zijn om de ‘g’ soms als ‘ch’ te schrijven.

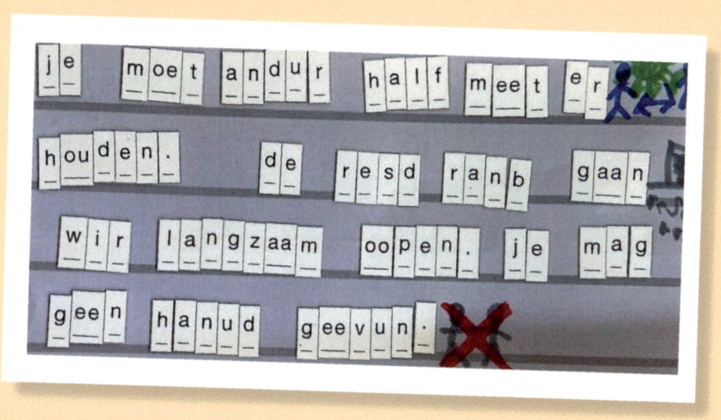

Op de magnetische letterdoos van groep 3 worden de corona-regels bondig samen-gevat.

Koemeten.
Lekker!

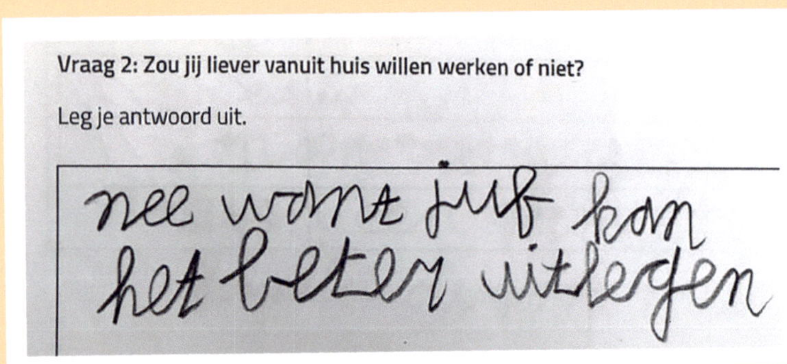

Esmée (groep 5) heeft een duidelijke mening.

Oleg is vast de enige niet.

Steijn uit groep 6 geeft graag zijn grenzen aan.

Sommige leerlingen vinden het heerlijk om thuis te werken. Zoals de zevenjarige Quinten. 'Eepies', noemt hij het.

De juf wordt over alles bijgepraat.

Vóór corona was het goede antwoord 'gezond'. Nu reken ik 'negatief' ook goed.

'Onze oudste dochter (8) mist haar laatste schoolweek doordat ze in contact is geweest met iemand met corona, vertelt Niels Duifhuizen. 'Dan maar per brief bedanken.'

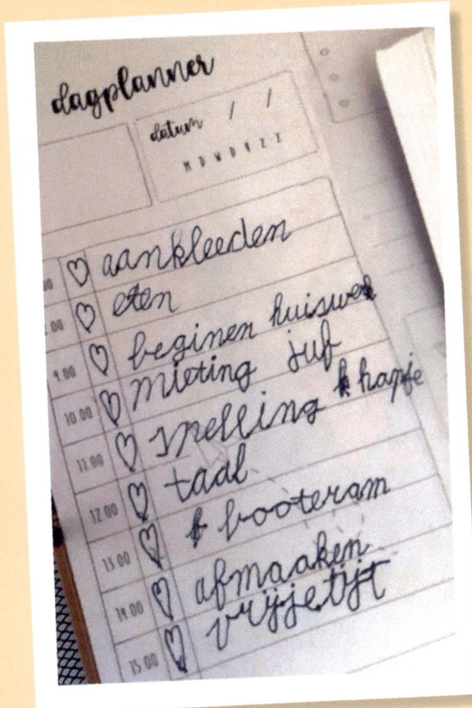

Tess, 8 jaar, maakt haar eigen planning.

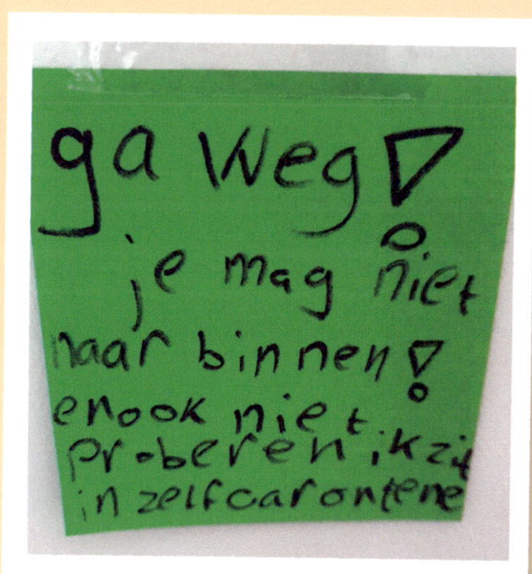

Indy (11) was haar ouders tijdens de coronatijd een beetje zat. Nadat ze boos naar haar kamer was gegaan vond haar moeder briefje aan haar deur.

DE EMOJI'S LOPEN HOOG OP

Een 'echte' meester voelde ik mij voor het eerst toen ik een dagje meeliep op de Utrechtse basisschool waar mijn schoonmoeder werkte. Daar probeerde ik – journalist van het AD – erachter te komen of het ook iets voor mij was, het onderwijs.

Aan het eind van de middag mocht ik in groep 8 het dictee voorlezen. Een tikkeltje gespannen stak ik van wal:

'Zin één! Mijn broer is verdrietig na de verdwijning van de papegaai.'

Daarna herhaalde ik de zin, 'in stukjes.'

'Mijn broer ...'

... is verdrietig ...'

Wat was dat leuk om te doen!

Helaas bleek mijn carrièreswitch van korte duur. Zodra ik écht voor de klas stond, verzoop ik in mijn administratie en vlogen de scharen en lijmpotjes me om de oren. Binnen twee jaar gaf ik er de brui aan.

Ik had me op 1001 dingen verkeken, maar níét op de dictees. Die ingespannen koppies die zwoegden op de spelling van al die lastige woorden, het geluid van de balpennen die over het papier gleden... Daar kon ik erg van genieten.

Dictees zijn een feest voor liefhebbers van taalfoutjes. En af en toe geven ze een treffend beeld van onze tijd. Ik zou een heel hoofdstuk kunnen vullen met schrijfsels van leerlingen die 'eb' schrijven als 'app'.

Ook bij 'emoties' denken kinderen aan andere dingen dan vroeger. Ik kreeg echt de slappe lach toen ik las: 'De emoji's liepen hoog op.'

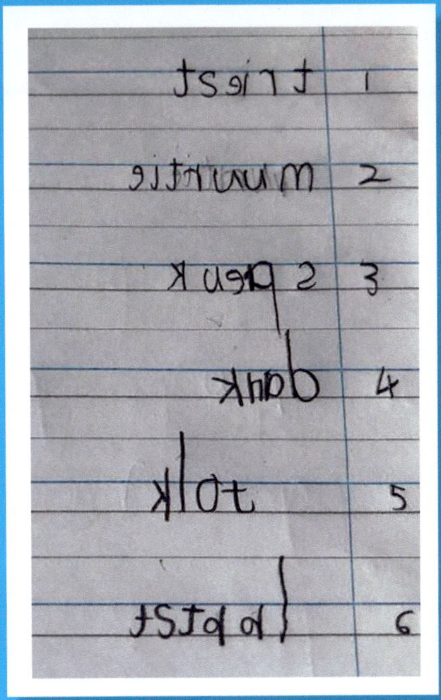

Als kinderen net hebben leren schrijven, doen ze dat soms per ongeluk in spiegelbeeld. Zoals deze leerling uit groep 3. Wat een werk!

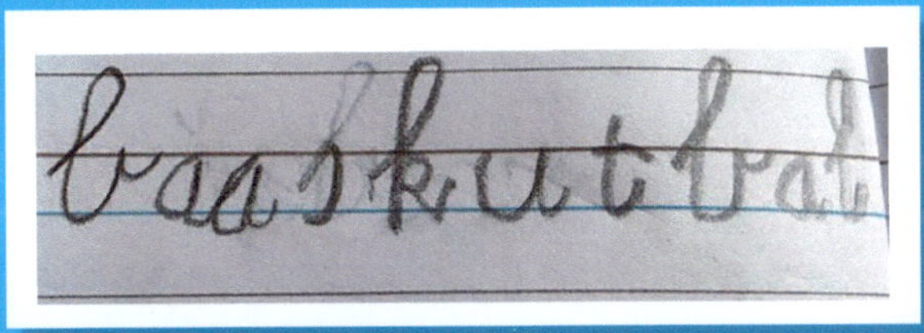

Basketbal wordt vaker met een 'u' gespeld. Zo spreek je het nou eenmaal uit.

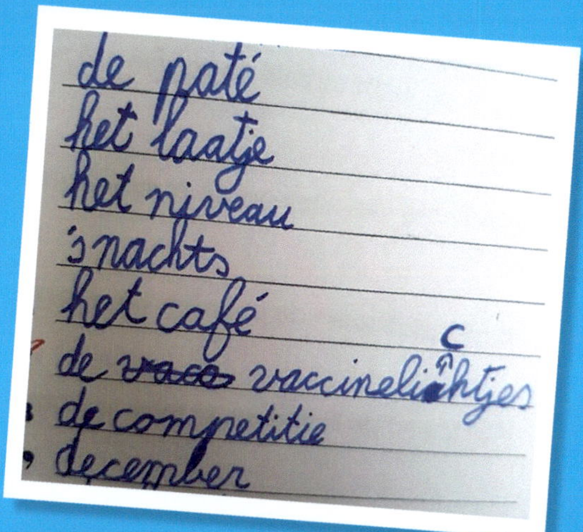

In tijden van corona ontstaan veel nieuwe woorden. 'Vaccinelichtjes' was ik nog niet eerder tegengekomen.

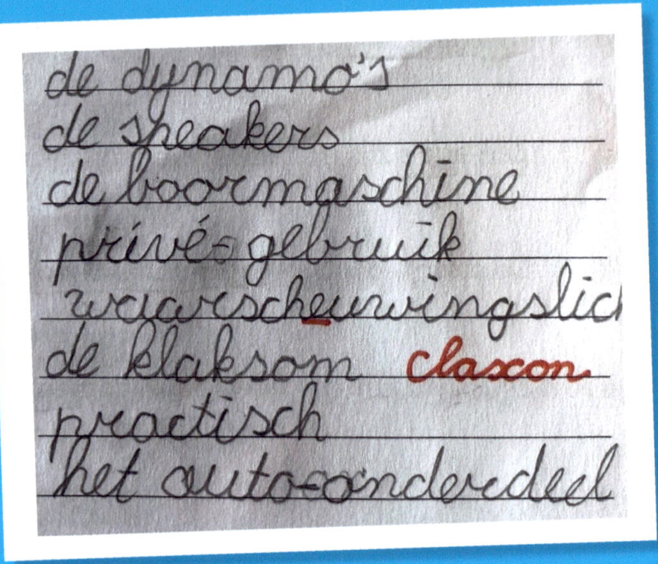

Waar toeter je mee?

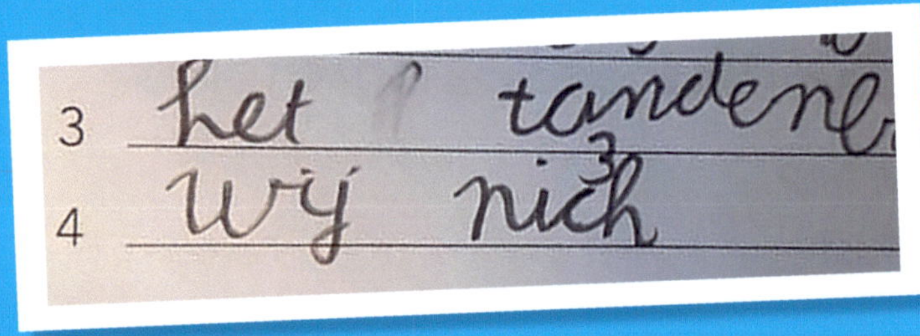

'Schrijf op: Weinig.'

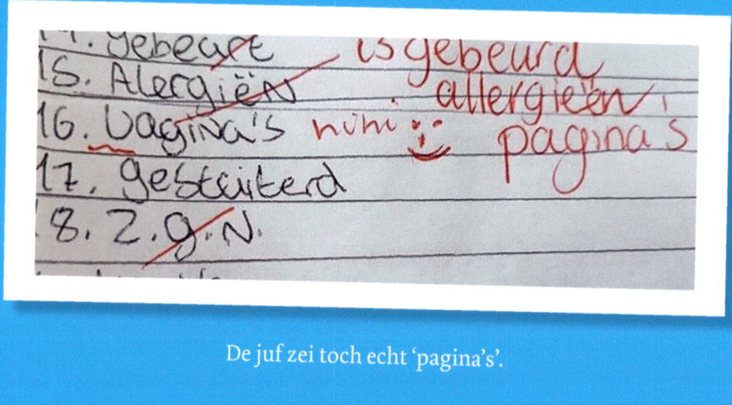

De juf zei toch echt 'pagina's'.

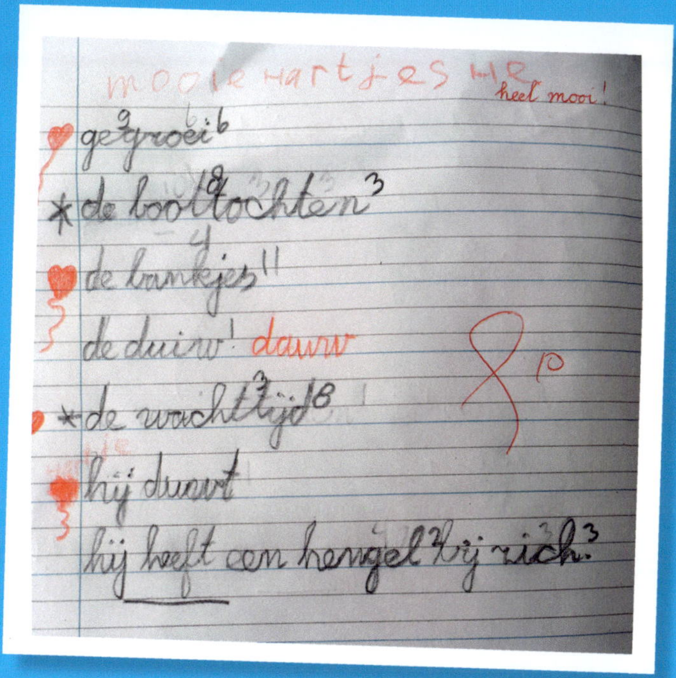

Het dictee van Sarah uit groep 4.

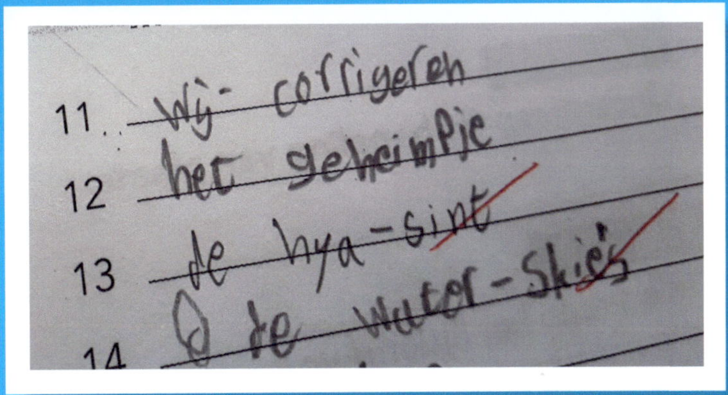

Dit dictee werd begin december gemaakt. Sint duikt dan overal op.

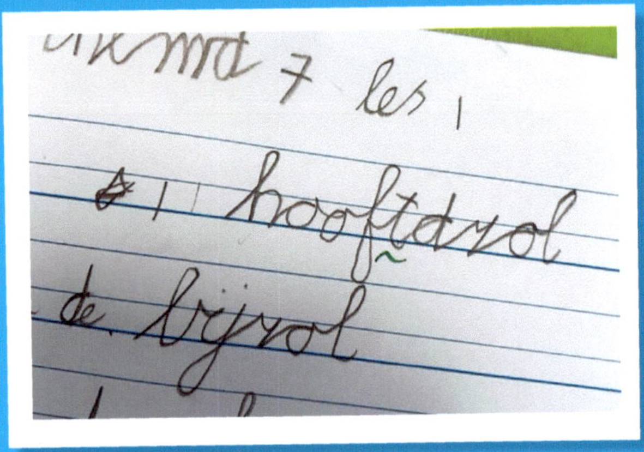

Bij deze leerling uit groep 4 sloeg de twijfel toe. Schrijf je dat woord nou met een t of met een d?

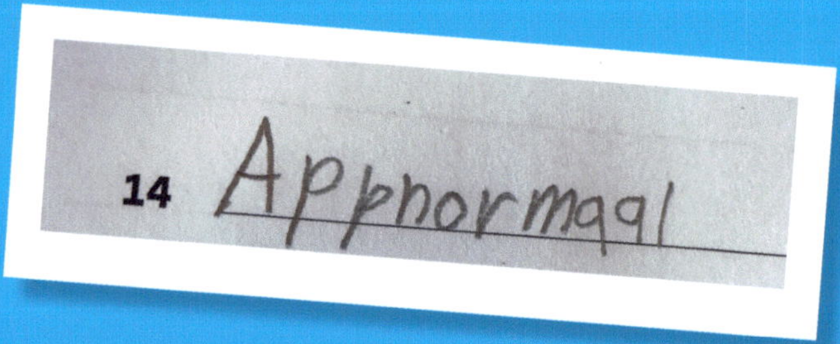

Duidelijk een kind van deze tijd.

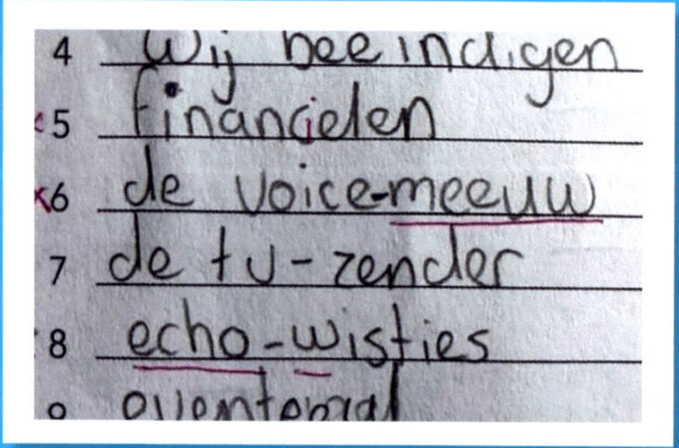

Een echo-wistiese voice-meeuw.

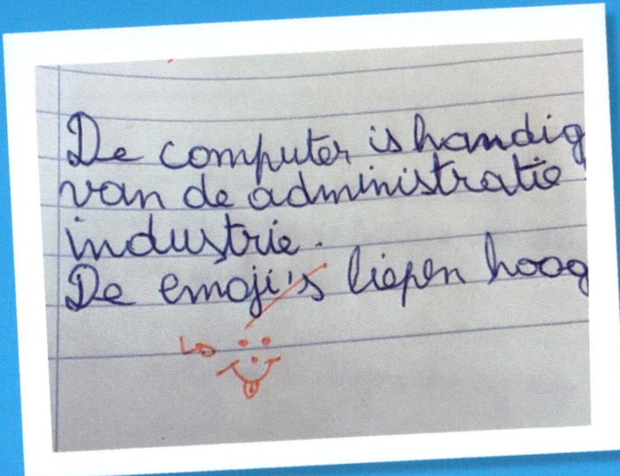

Houd die emoji's maar eens in bedwang!

'Ik kreeg echt de slappe lach toen ik las:
De emoji's liepen hoog op.'

Capuchon, maar dan in het Italiaans. Of niet?

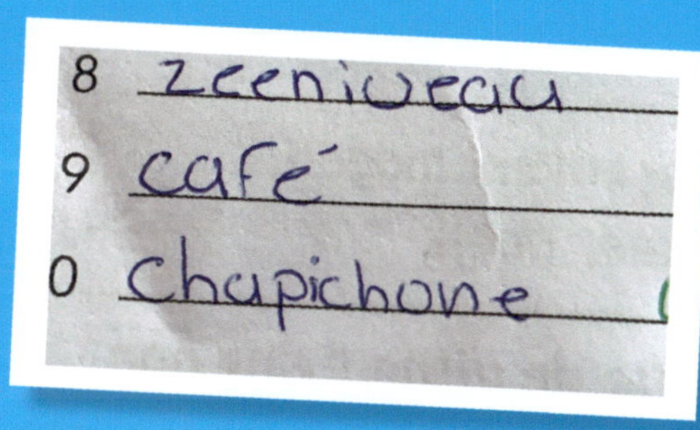

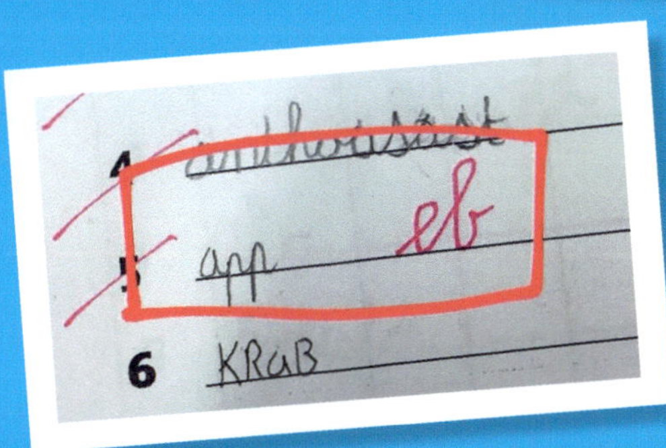

Zolang de jeugd van tegenwoordig maar niet vergeet dat 'eb' ook bestaat.

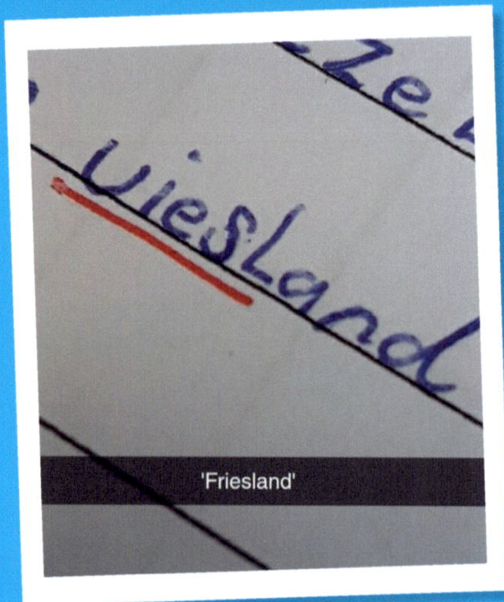

Zo schrijf je 'Friesland', volgens een leerling uit groep 6.

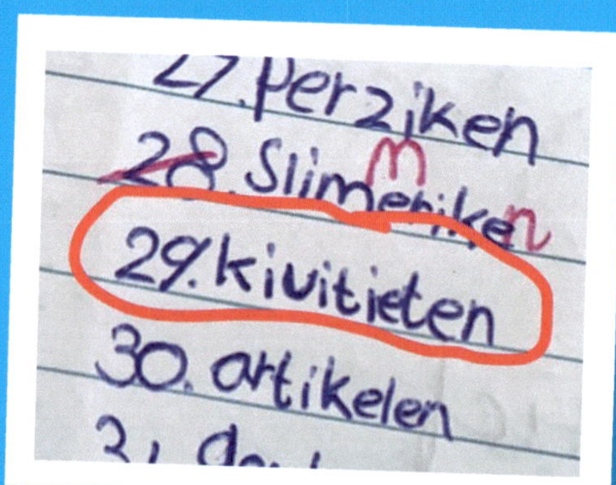

Een nieuwe diersoort.

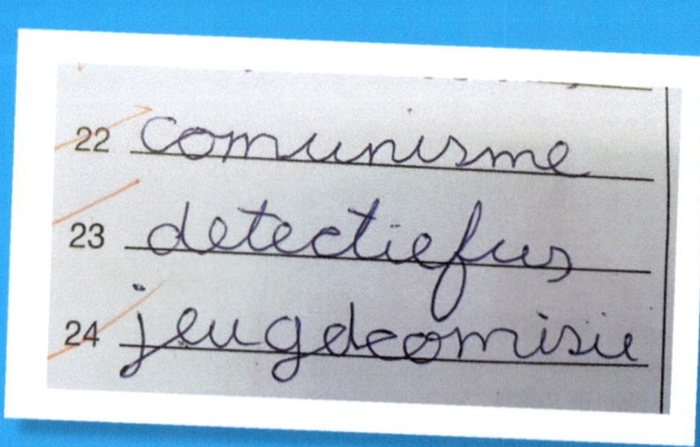

Detectives. Ik vind het ook een lastig woord!

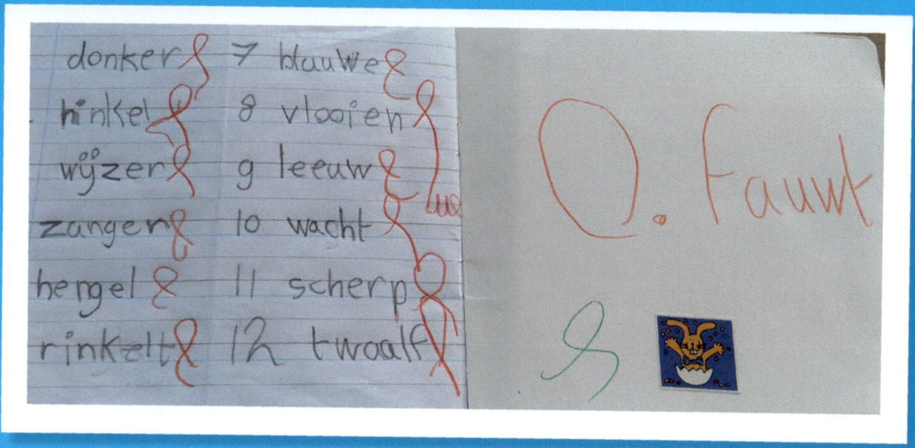

Marit uit groep 4 is apetrots.

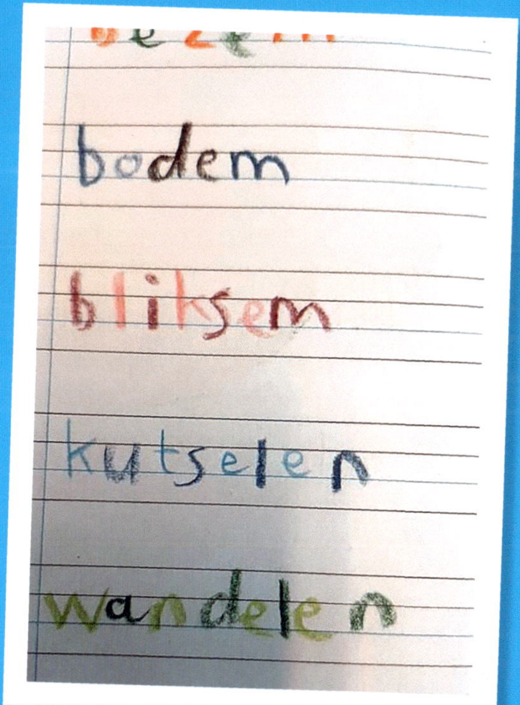

Ook in groep 5 vergeet je weleens een letter.

JOE KEN DOE DIS

Kort voordat ze samen voor het eerst op vakantie gingen, probeerde mijn vader indruk te maken op mijn moeder. 'Ik red me prima in het Frans,' zei hij zelfverzekerd tegen haar.

'Ja?' antwoordde ze een tikkeltje sceptisch.

'Wacht maar af!'

Het was 1970. De verliefde twintigers propten hun bagage in een groene Eend en vertrokken.

Op een terras in Parijs bestelde mijn vader hakkelend een biertje. 'Merci boo koep.'

Maar toen hij om de rekening wilde vragen, zat hij met zijn mond vol tanden.

'La, la...?'

Mijn moeder schoot te hulp. 'L'addition, s'il vous plaît'.

Nee, met een talenknobbel bleek die opschepper van haar niet gezegend.

Zijn Engels was al even belabberd: 'How goes it with you?'

Geeft niks natuurlijk. Ieder zijn talent. Bovendien: fouten maken hoort erbij. Zéker als je Engels leert.

Tegenwoordig beginnen kinderen daar vroeg mee, soms al vanaf groep 1. En wat levert dat een schat aan prachtige nieuwe woorden op.

'Everybody' wordt 'efwiebadie', of 'evriebadie'.

En wat zegt mama als ze schrikt? 'Oomijkot.'

Soms ontstaan er prachtige volzinnen: 'You go rechtdoor, left de street in en you bent er.'

Ik glimlach erom, en weet tegelijkertijd maar al te goed: toen ik zo oud was als deze leerlingen, bakte ik er ook niet veel van.

De een krijgt zo'n vreemde taal uiteindelijk aardig onder de knie. De ander blijft ermee worstelen. Gelukkig heeft mijn vader zich daar nooit door laten weerhouden.

'Als ze me maar begrijpen,' zegt hij.

Goed zo, pap. Joe ken do dis!

Geen cowboy, maar een …

Leuk bedacht! Al ben je volgens mij geen nerd als je lekker aan het rekenen bent.

Een zikzpek. Daar droom ik ook nog altijd van.

Deze opgave levert vaker creatieve antwoorden op. Dan zegt mam bijvoorbeeld: 'Benjebtoetert!'

Ik moest meteen aan mijn eigen moeder denken toen ik dit las. Al past de zin 'my mum doesn't like wen de drop is op', nóg beter bij haar.

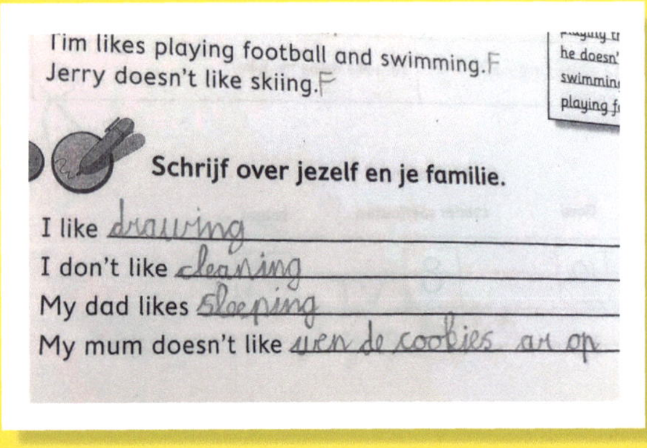

'I like it!'

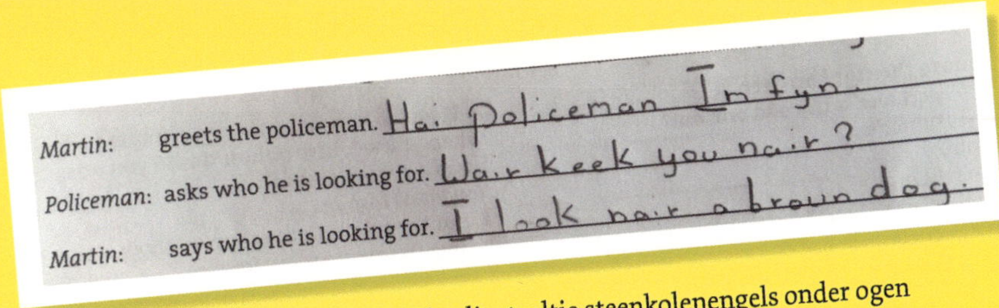

Toen meester Michel Lubbe dit staaltje steenkolenengels onder ogen kreeg, vrolijkte hij direct op. 'Mijn dag is weer goed!'

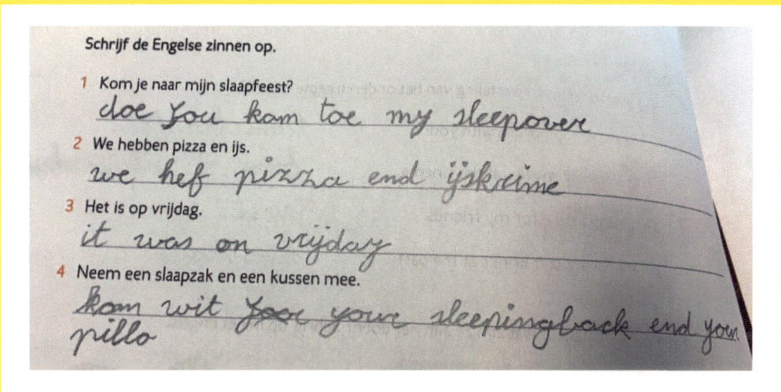

Engels in groep 7.

Indie (6 jaar) maakt muziek. Voor iedereen!

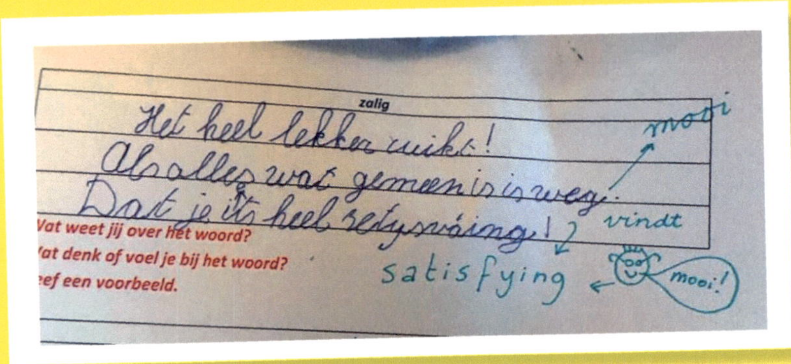

Wat betekent 'zalig'? De achtjarige Niek weet het precies.

'Soms ontstaan er prachtige volzinnen: You go rechtdoor, left de street in en you bent er.'

Engels in groep 8.

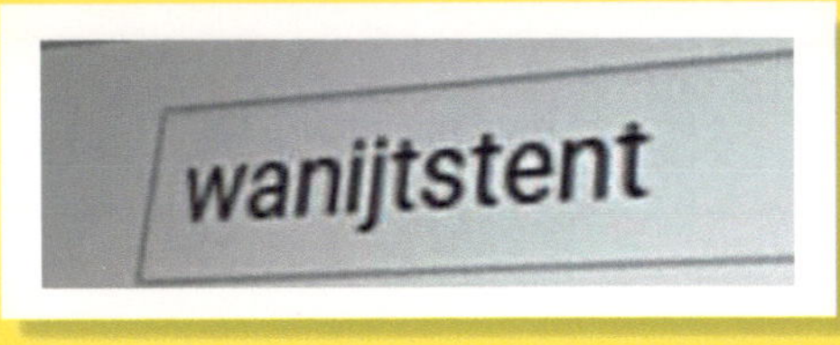

Deze leerling speurde naar het liedje One night stand van de band B-Brave. ‘De zoekterm leverde helaas geen hits op,’ vertelt juf Donnya van Santen.

Als je gek bent op de juf van groep 3, dan wil je dat wel van de daken schreeuwen.

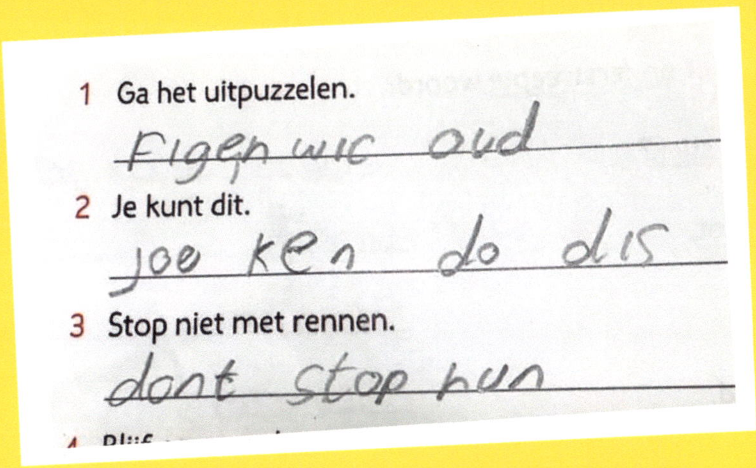

Er zitten een paar foutjes in. Maar spreek de zinnen rustig hardop uit, en elke Engelsman begrijpt wat je bedoelt. Toch?

Limited edition.

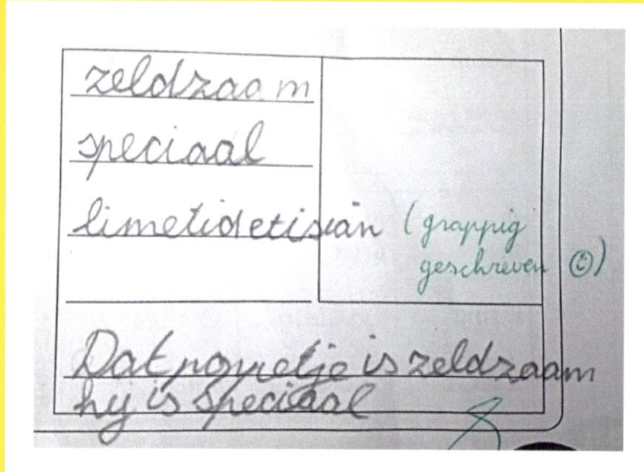

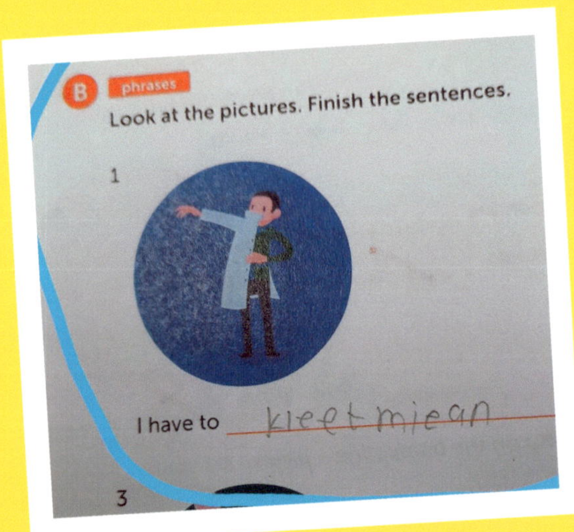

Ik ben de eerste om 'Ik reken het goed!' te roepen, maar ik vrees dat door 'Kleet mie an' toch een streep gaat.

Silence please!

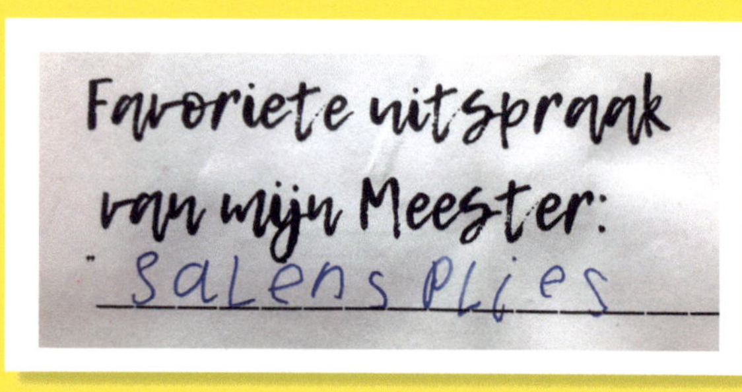

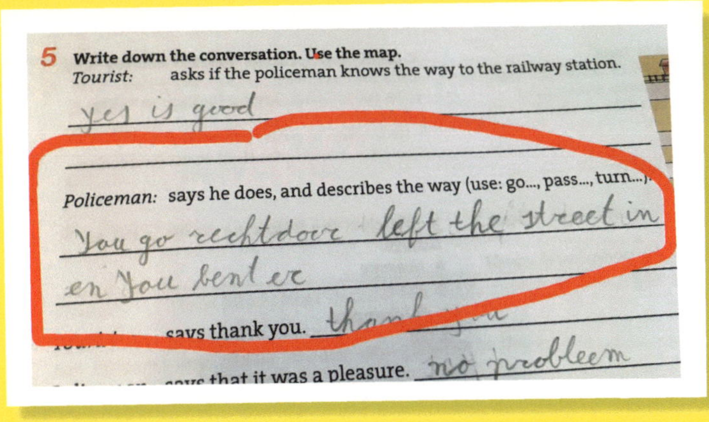

Met deze routebeschrijving ben je waarschijnlijk niet voor het eten thuis.

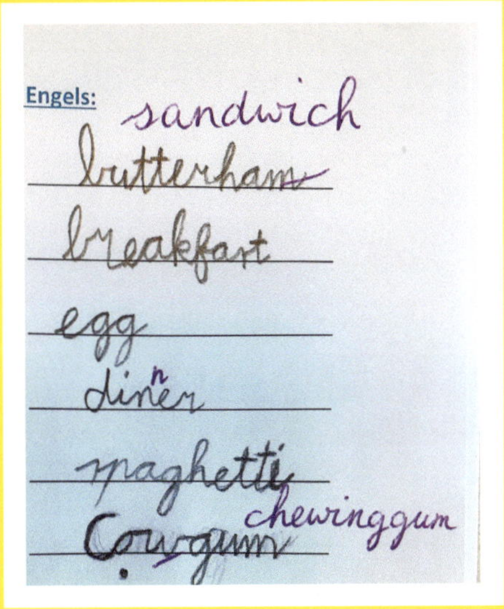

Bijna goed.

Karlijn van Winkel (8 jaar) kan niet wachten!

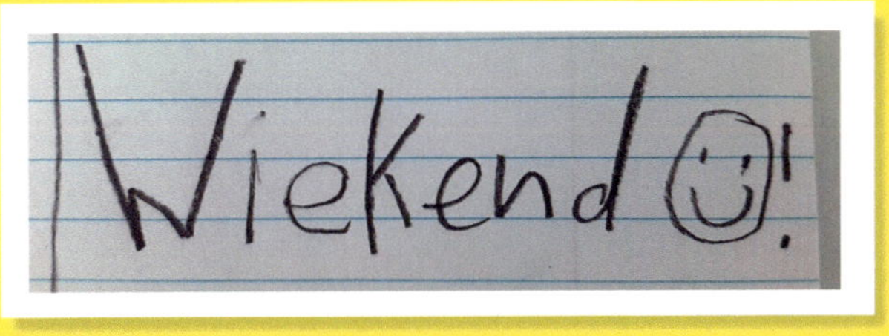

OP VAKANSIE

Lang geleden, toen ik nog een kleuter was, ging ik met mijn ouders en zus ver op reis: naar een van de Canarische eilanden. Mijn moeder heeft me later vaak verteld dat ik onze bestemming (Gran Canaria) consequent verkeerd uitsprak. Als 'Knan Kenaria.' Gelukkig ben ik de enige niet. Kijk maar naar de prachtige tekening die de zevenjarige Jasmine Bakker maakte.

'Superspannend' vond zij het om voor de allereerste keer te gaan vliegen.

Kort voor vertrek was het meisje 'niet meer te houden' en klampte zelfs wildvreemden aan op straat: 'Ik ga naar Knankennarieja!'

Wat zijn ze ook ingewikkeld, de namen van al die landen. Geen wonder dat kinderen Kroatië schrijven als 'Kroowaatsieje', Italië omdopen tot 'Ietaalieju' en dromen van een vakantie op 'Iebietsaa'.

Toen ik mijn collectie zomerse plaatjes doorploos, viel mij nog iets anders op: wat voor volwassenen dichtbij is, vinden jongens en meisjes vaak al een heel eind weg.

'Terscheling', dát is pas een ver land. Of 'Disnieland'! Blijft er als je daar al bent geweest, nog iets te wensen over? Jazeker.

Bovenaan het lijstje van een leerling uit groep 3 staat een sprookjesachtig land ... de 'Eftling'!

Kinderen hebben nou eenmaal hun eigen kijk op vakanties. Via Facebook kreeg ik een treffend berichtje van een moeder. Zij schreef: 'Mijn zoon van 5 jaar vond het maar raar dat opa naar de Malediven ging.' Voor velen een paradijs, maar hij zag dat anders. 'Wie wil er nou op reis naar een land met 'malle dieven!'

ben jij wel eens in een ver land geweest? ja [X] nee [ ]

in disnie land

	ja	nee
was het warm in dat land?	X	
sliep je daar in een huis?		X
kon je de mensen verstaan?	X	
zagen de mensen er anders uit?		X

naar welk land zou je willen gaan? eftling

Sommige mensen dromen van een reis naar de andere kant van de wereld. Deze leerling uit groep 3 blijft liever net iets dichter bij huis.

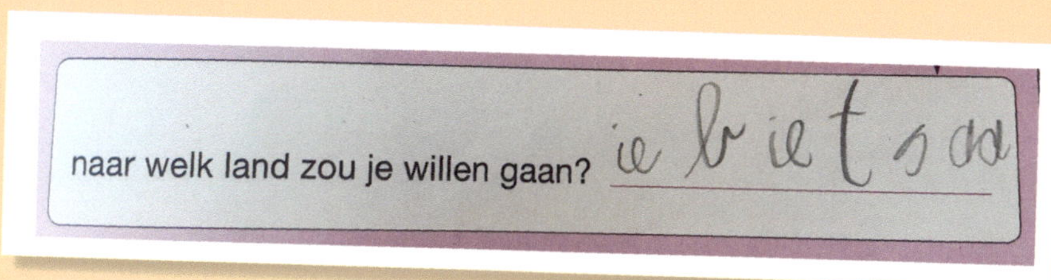

naar welk land zou je willen gaan? ie b ie t s aa

Daar wil ik ook wel eens naartoe.

OPDRACHT 4

Kijk naar het plaatje.
Wat is hier overdreven?

zwemvriezers

Zwemvriezers – die moet je natuurlijk niet vergeten als je op vakantie gaat.

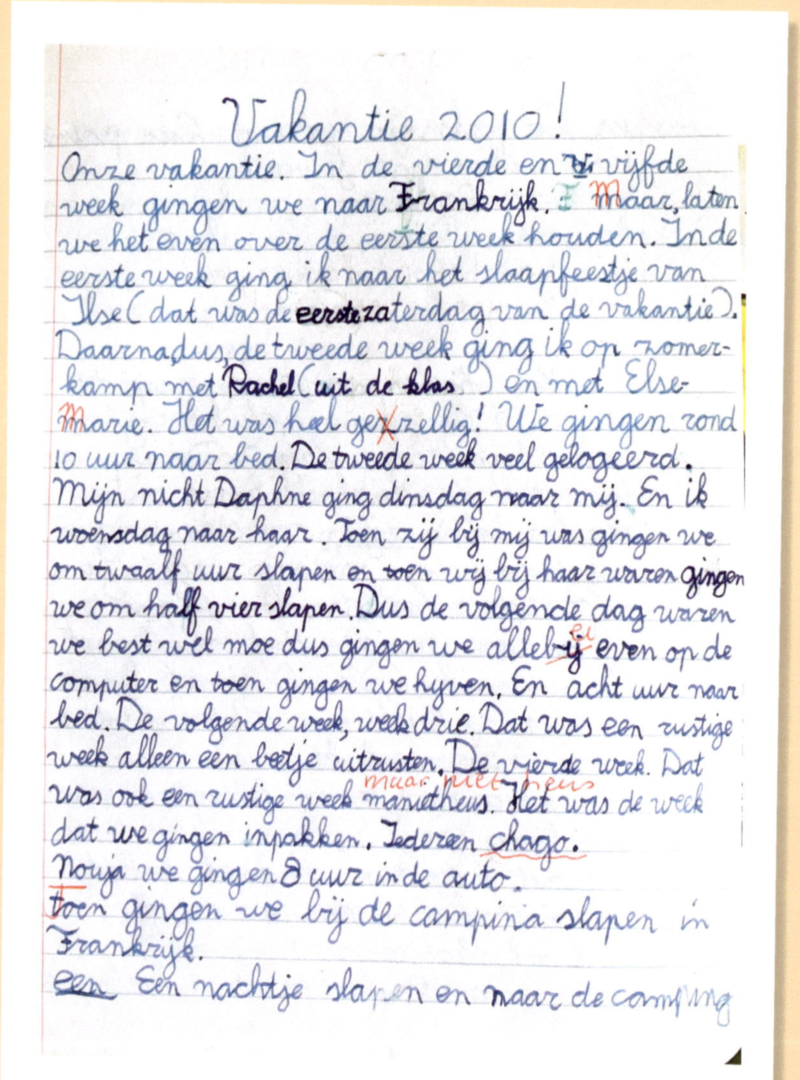

Vakantie 2010!

Onze vakantie. In de vierde en vijfde week gingen we naar Frankrijk. Maar, laten we het even over de eerste week houden. In de eerste week ging ik naar het slaapfeestje van Ilse (dat was de eerste zaterdag van de vakantie). Daarna dus, de tweede week ging ik op zomerkamp met Rachel (uit de klas) en met Else-Marie. Het was heel gezellig! We gingen rond 10 uur naar bed. De tweede week veel gelogeerd. Mijn nicht Daphne ging dinsdag naar mij. En ik woensdag naar haar. Toen zij bij mij was gingen we om twaalf uur slapen en toen wij bij haar waren gingen we om half vier slapen. Dus de volgende dag waren we best wel moe dus gingen we allebei even op de computer en toen gingen we hyven. En acht uur naar bed. De volgende week, week drie. Dat was een rustige week alleen een beetje uitrusten. De vierde week. Dat was ook een rustige week maar niet heus. Het was de week dat we gingen inpakken. Iedereen chago.

Nouja we gingen 8 uur in de auto.

Toen gingen we bij de campina slapen in Frankrijk.

Een nachtje slapen en naar de camping

Linda Budding vond een oud opstel over haar vakantie terug. Ze ging 'hyven' op de computer. Dat moet wel lang geleden zijn!

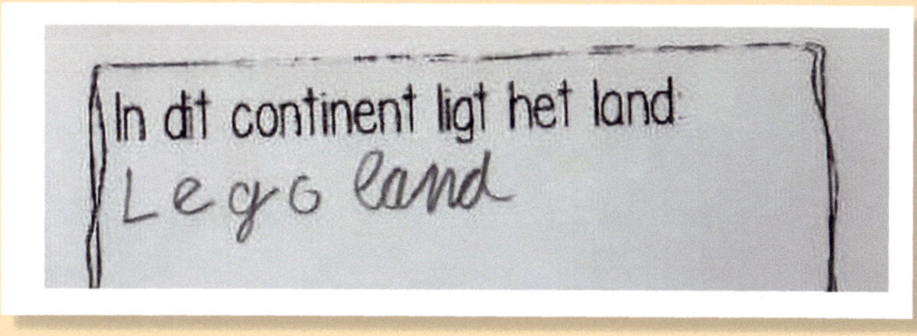

Leuk, zo'n werkblad over je favoriete vakantiebestemming in groep 8. Maar als het dan gaat over zo'n ingewikkeld begrip als 'continent', kan het gebeuren dat je de kluts kwijtraakt.

'Malediven is voor velen een paradijs, maar mijn zoon zag dat anders. Wie wil er nou op reis naar een land met malle dieven!'

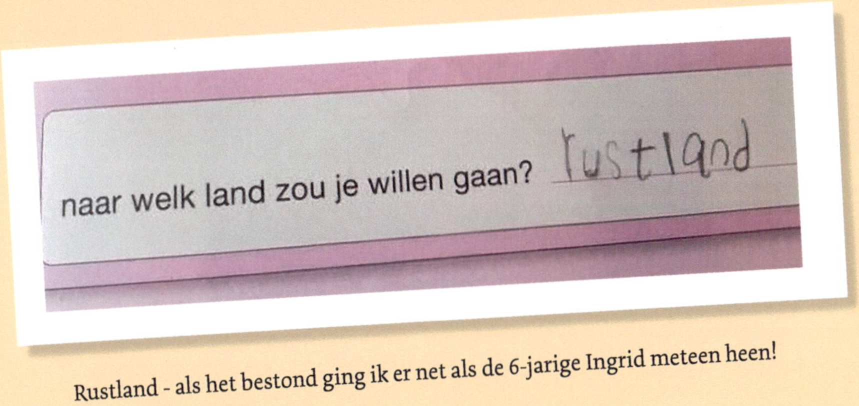

Rustland - als het bestond ging ik er net als de 6-jarige Ingrid meteen heen!

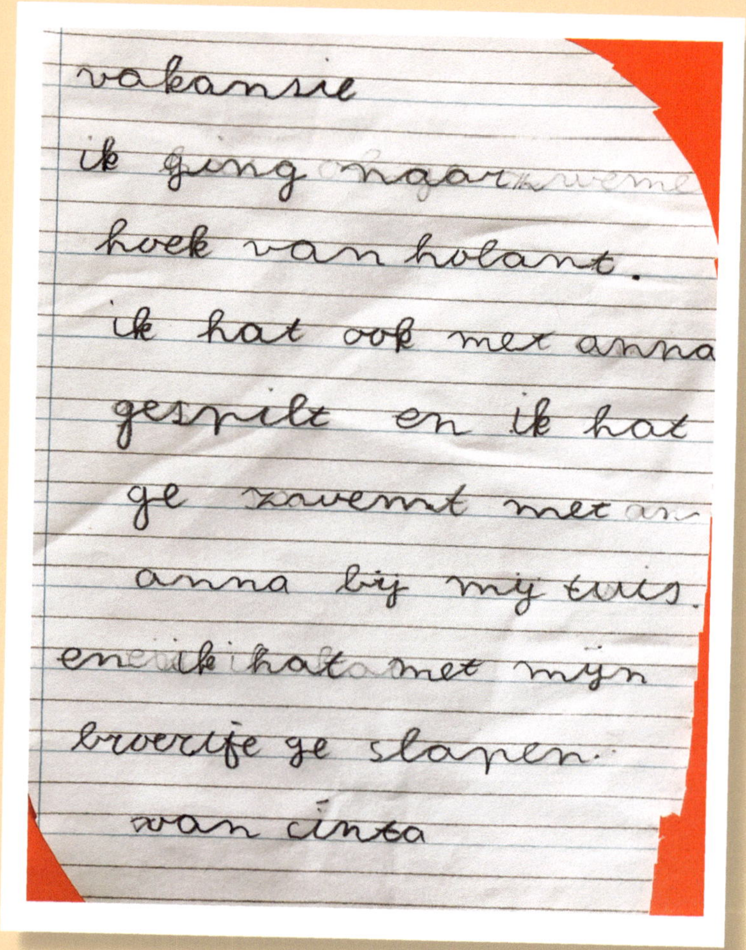

vakansie
ik ging naar
hoek van holant.
ik hat ook met anna
gespilt en ik hat
ge zwemt met an
anna bij mij tuis.
en ik hat met mijn
broertje ge slapen.
van cinta

Zwemmen, spelen, slapen: Cinta had een topvakantie.

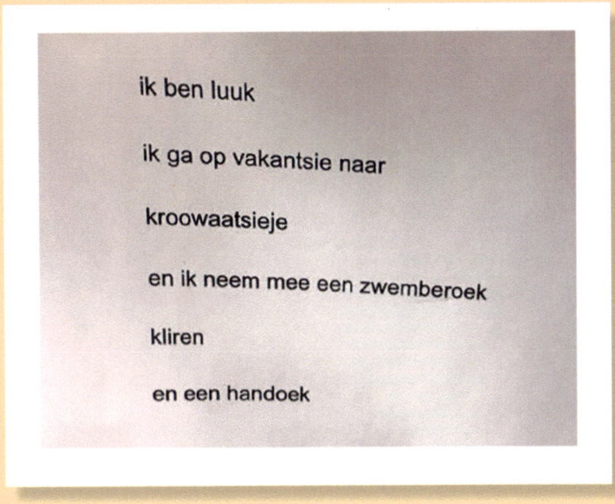

'Kroatië', spel dat maar eens goed! Deze kinderen hebben het in elk geval zo geschreven dat iedereen het begrijpt.'

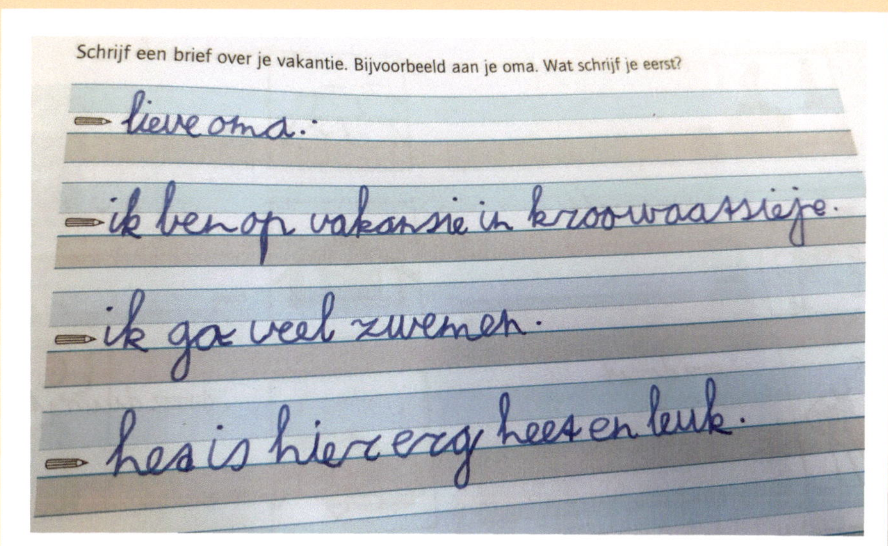

Tieme (7 jaar) heeft een nieuw woord bedacht.

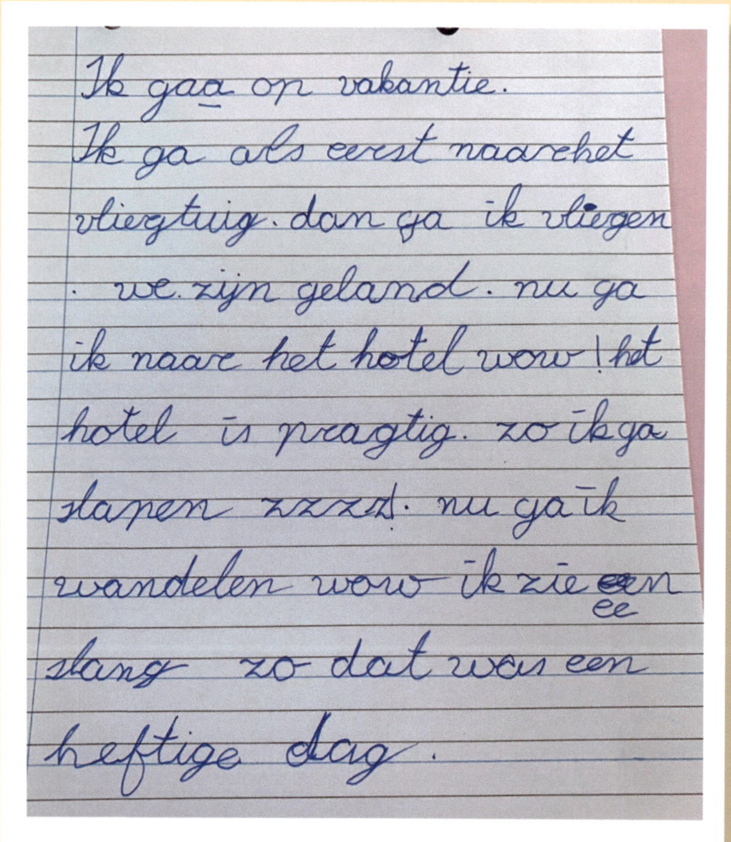

Nine, 7 jaar, had een 'heftige dag'.

Vanaf het moment dat haar moeder de reis had geboekt, was de 7-jarige Jasmine volop bezig met haar eerste vliegvakantie. 'Toen we een keer uit eten gingen, maakte ze dit tekeningetje op een bierviltje'. Knankennariea – 'zo sprak ze het uit, vandaar dat ze het ook zo schreef'.

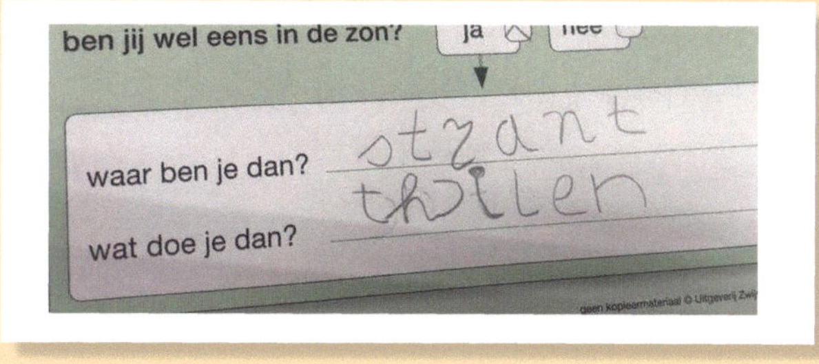

Ook kinderen uit groep 3 doen niets liever dan thjilen.

Het was inderdaad een dure maand, vertelt de moeder van Remco (7). 'Onze auto deed het opeens niet meer, mijn bril was stuk en de vaatwasser én de zitmaaier gingen kapot. Maar verder hebben we hebben een leuke vakantie gehad, hoor!'

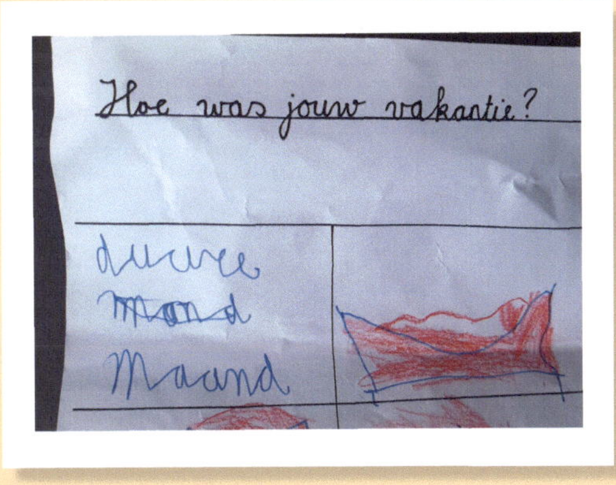

SJOOFEUR

Taalfoutjes zijn er in allerlei soorten en maten.

Zo worstelen jonge kinderen die net met schrijven zijn begonnen, weleens met de 'd' en de 'b'. Dan schrijven ze 'boos' in plaats van 'doos' – of omgekeerd. Het is natuurlijk niet zo gek dat deze twee letters soms een bron van verwarring zijn. De vorm van de letters is vrijwel gelijk, en ze klinken ook nog eens bijna hetzelfde. Maar door goed te kijken en veel te schrijven, krijgen leerlingen meestal snel door hoe het moet.

Andere taalfoutjes zijn hardnekkiger. Of je een woord met een 'd' of een 't' schrijft, hangt er maar net van af. Er zijn een heleboel regeltjes en ezelsbruggetjes om die te onthouden.

Maar hoe zat het ook alweer met 't kofschip? Wie dat is vergeten, schrijft al snel 'het is gebeurt', of 'Ik heb geklusd'.
Tijdelijker van aard zijn meestal de fonetische taalfoutjes. Dan spel je een woord zoals je het hoort. Niet 'chauffeur' dus, maar sjoofeur. En 'fukaudu' in plaats van 'verkouden'.

Ik bedoel het niet onaardig, integendeel, maar daar kan ik enorm van genieten! Als ik in een zwierig handschrift lees over de 'polietsie' die met een 'spietboot' aan komt varen, dan smelt ik. Zo'n vergissing is toch vertederend?

Daarom een kleine ode aan de fonetische foutjes. Ik hoop dat juffen, meesters en ouders ze blijven opsturen. Dan blijf ik ze delen. Op Facebook, op Instagram, in boeken, en wie weet waar nog meer!

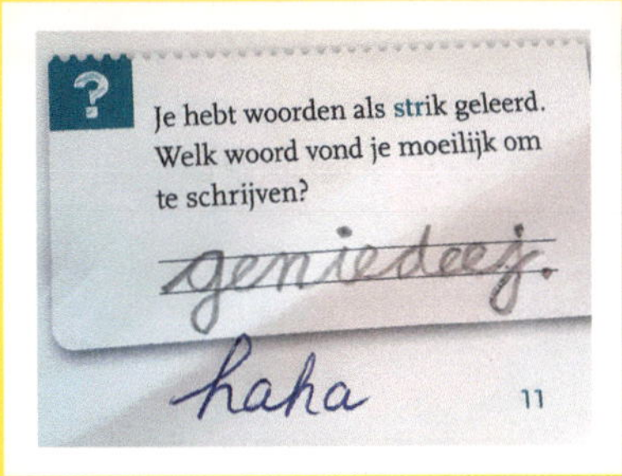

Als je te snel leest,
heb je geen idee
wat er staat.

Echte autoliefhebbers zien direct dat dit klopt.

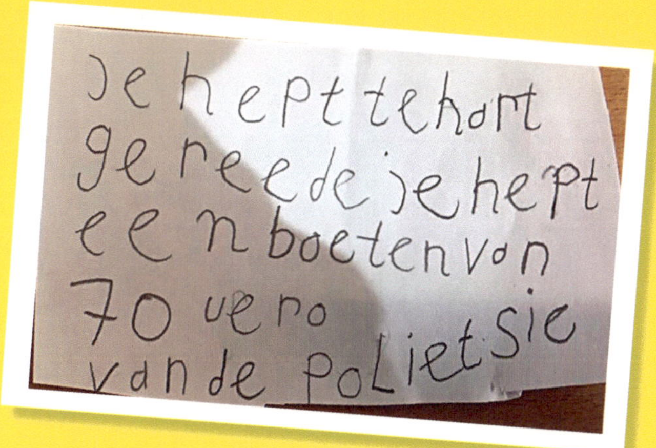

Nu maar hopen
dat het een grapje is!

Bram, groep 3.

Sibbe geeft zijn voetbaltrainers een prachtig compliment.

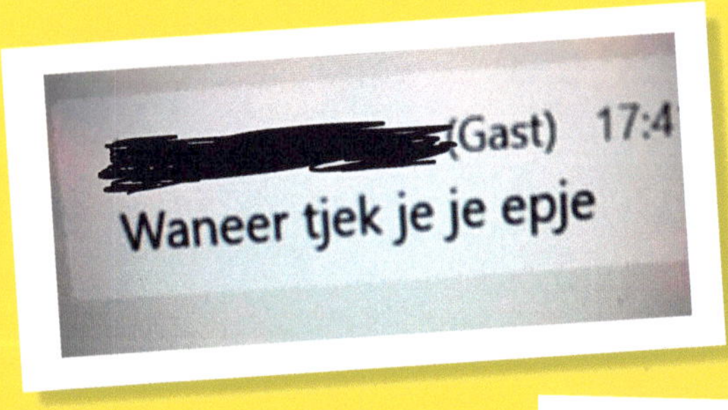

Juf, schiet eens op!

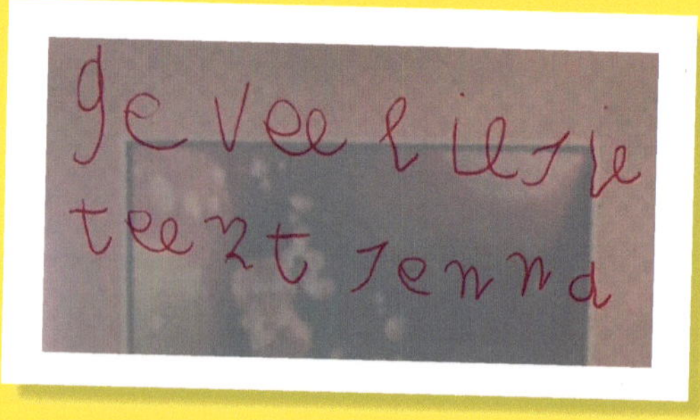

Een kaartje voor de jarige juf Senna van groep 3.

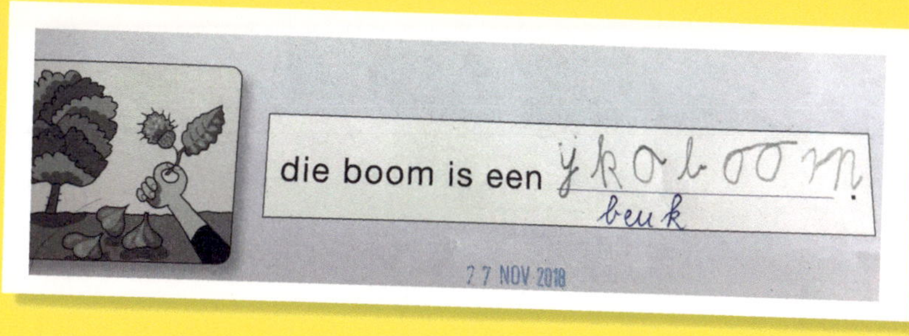

Bijna goed.

‘ Als ik in een zwierig handschrift lees over de *polietsie* die met een *spietboot* aan komt varen, dan smelt ik.’

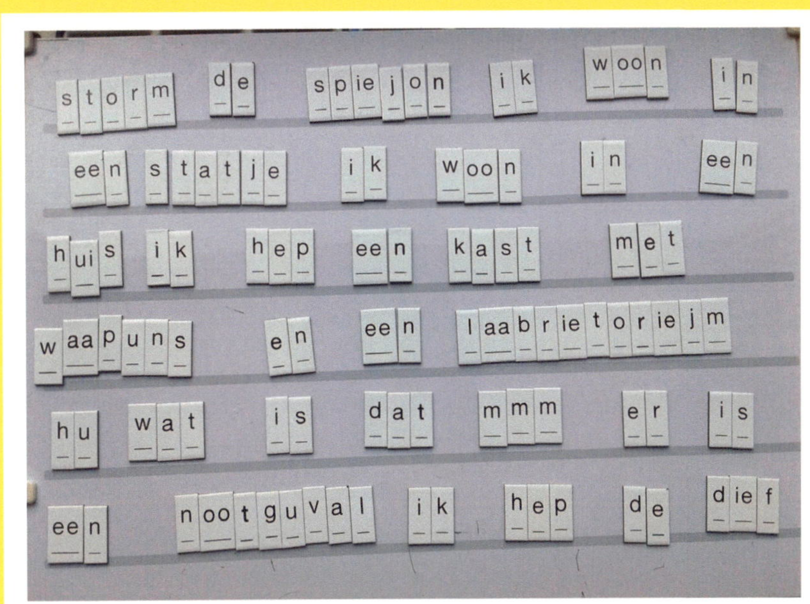

In groep 3 worden razend spannende verhalen geschreven.

ik mag niet mee
gymenen ik ben
pijn aan me
Eng kol

'Juf, ik heb een briefje van mijn moeder.'

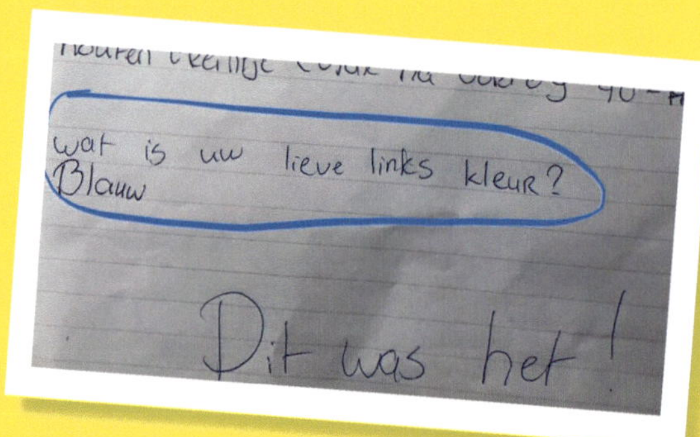
wat is uw lieve links kleur?
Blauw

Dit was het!

Kim (10 jaar) interviewde haar opa.

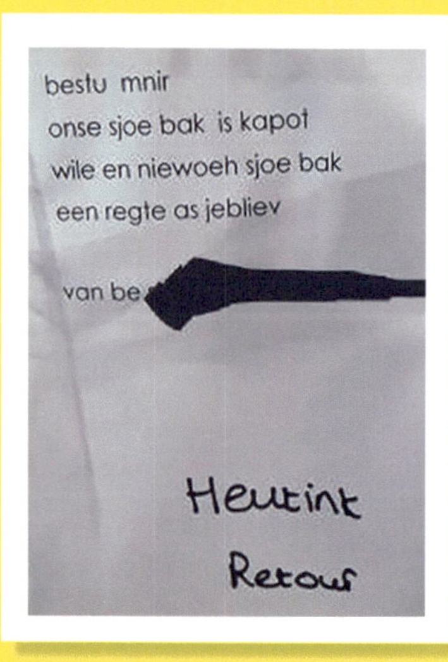
bestu mnir
onse sjoe bak is kapot
wile en niewoeh sjoe bak
een regte as jebliev

van be[redacted]

Heutink
Retour

De leerlingen van groep 2/3 van juf Caroline de Wit zijn niet tevreden over de nieuwe sjoelbak.

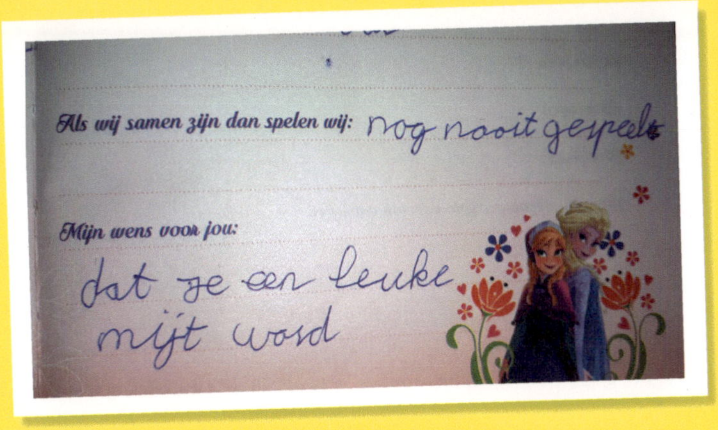

Twan (7 jaar) schrijft in het vriendenboekje van een nieuw meisje in de klas. Hij krijgt wat hulp van zijn grote broer Jordy (9).

Kinderen leren de 'e' eerst uit te spreken met de korte klank, zoals in 'hek'. Dus dan is het helemaal niet gek om 'spe-ling' te schrijven. Die extra 'l', komt er later nog wel bij.

LATER WORD IK...

Dromenvanger worden, dat leek me vroeger wel wat. Net als de GVR, de Grote Vriendelijke Reus. Over hem las ik lang geleden een razend spannend boek. Wie deze klassieker van Roald Dahl ook kent, weet het vast nog.

De GVR vangt zijn dromen met een groot net en stopt ze in potjes. De grappige en gekke deelt hij 's nachts uit aan slapende mensen. De nachtmerries ('trollekoppers') geeft hij stiekem aan een gemene reus, de verschrikkelijke Vleeslapeter.

Aan kinderen op de basisschool wordt de vraag vaak gesteld: Wat wil jij later worden?

Hun antwoorden schieten alle kanten op. Dolfijnentrainster, profhockeyer, paleontoloog, babysitter, fysiotherapeut, vlogger... De lijst is eindeloos gevarieerd.

Gelukkig hebben leerlingen alle tijd. Ze kunnen nog wel duizend keer iets anders bedenken. Wie vandaag YouTuber wil zijn, bouwt morgen misschien liever een marshmallow-fabriek. Waarom ook niet?

Er zijn ook kinderen die liever iets minder ver vooruitkijken. De zesjarige Sophia wordt later... 7. Je weet nooit hoe het loopt in het leven, maar ik heb zo het gevoel dat zij deze ambitie gaat waarmaken.

En ik? Ik ben al van alles geweest. Eerst was ik journalist, daarna werd ik meester en nu ben ik schrijver. Dromen vangen is er nog niet van gekomen.

In het boek over de GVR staat hoe je dat doet: 'Hij sprong hoog de lucht in, en zwaaide het vangnet door de mist met een geweldige suizende zwaai van zijn arm. "Hebbes!" riep hij.'

Misschien wordt het wel mijn volgende beroep. Je weet maar nooit!

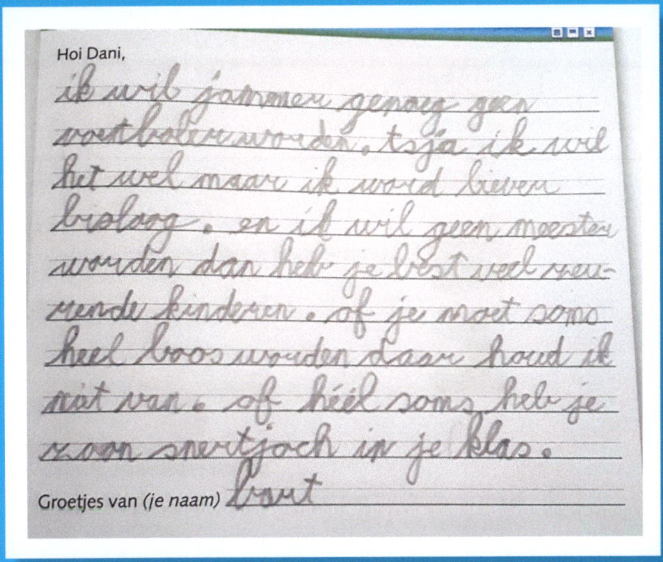
Hoi Dani,
ik wil jammer genoeg geen voetballer worden. tsja ik wil het wel maar ik word liever bioloog. en ik wil geen meester worden dan heb je best veel zeurende kinderen. of je moet soms heel boos worden daar houd ik niet van. of héél soms heb je zoon snertjoch in je klas.
Groetjes van *(je naam)* Bart

Bart (7 jaar) komt uit een echte onderwijsfamilie. Maar hij moet er niet aan denken om later les te gaan geven.

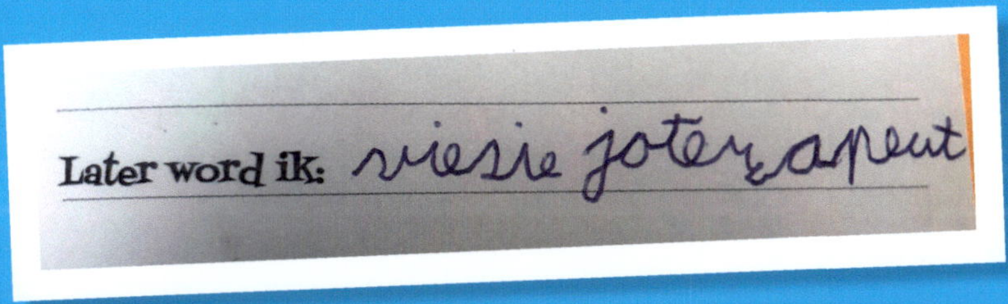
Later word ik: viesie joterapeut

Mijn 'viesiejo' mag best een paar taalfoutjes maken.
Als hij maar verstand van spieren heeft.

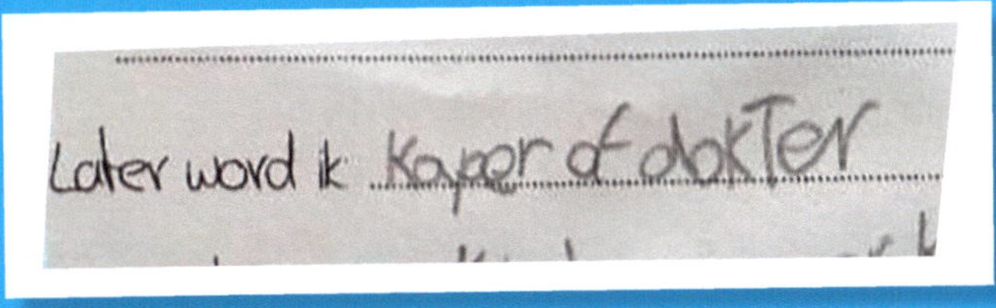
Later word ik Kaper of dokter

Kaper, of kapper?'

Dit boekje is van:

Plak hier je foto!

Mijn naam is: SOPHIE

Ik ben 6 jaar oud

Ik woon in: Veenendaal

Mijn hobby is: bjuten Spelen

Je kunt me wakker maken voor: half 8

Mijn lievelingseten is: PISSA

Bij de bakker haal ik graag: eenTAArTjo

Later word ik: 7

Sophie stelt graag haalbare doelen.

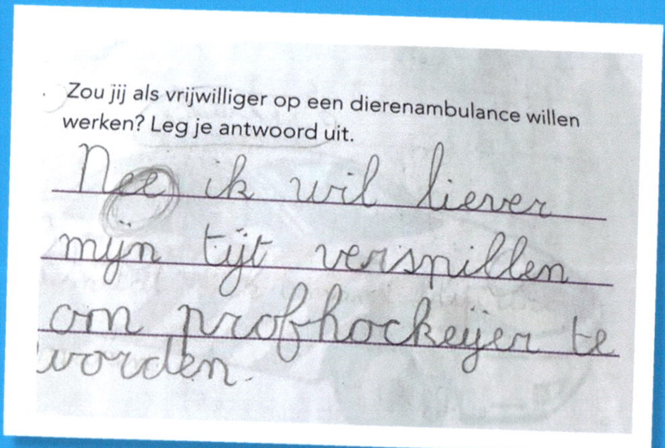

Zou jij als vrijwilliger op een dierenambulance willen werken? Leg je antwoord uit.

Nee ik wil liever mijn tijt verspillen om profhockeyer te worden.

Misschien verandert ze nog van mening. Want hockeyen is 'tijdverspilling'.

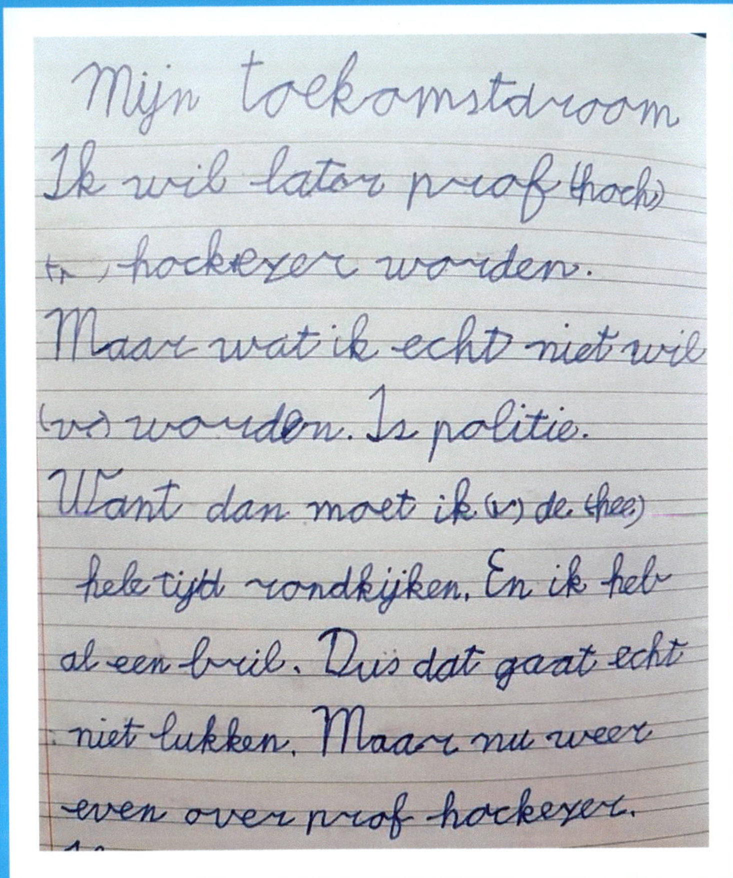

Mijn toekomstdroom

Ik wil later prof (hoch) hockeyer worden. Maar wat ik echt niet wil worden. Is politie. Want dan moet ik de (hee) hele tijd rondkijken. En ik heb al een bril. Dus dat gaat echt niet lukken. Maar nu weer even over prof-hockeyer.

Nee, deze jongen uit groep 5 wordt later geen agent.
‘Want dan moet ik de hele tijd rondkijken. En ik heb al een bril.’

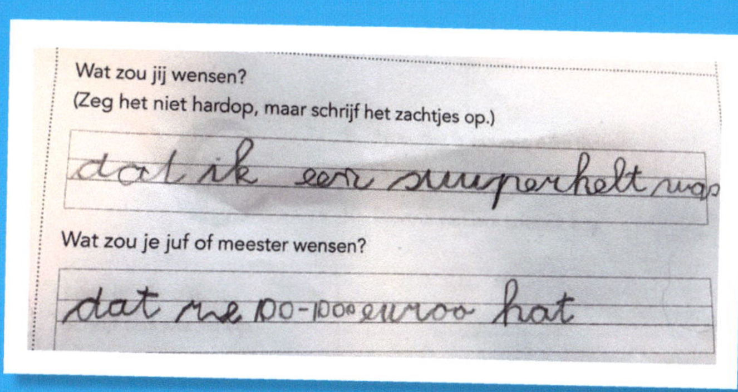

Wat zou jij wensen?
(Zeg het niet hardop, maar schrijf het zachtjes op.)

dat ik een suuperhelt was

Wat zou je juf of meester wensen?

dat ze 100-1000 euroo hat

De wens voor de leerkracht spreekt me ook aan!

In de zomervakantie fietste ik samen met mijn vader, moeder, zusje en broertje over de Langbroekerdijk.

Plotseling hoorde we bij een boerderij een geitje hard mekkeren. Het dier zat vast met zijn hoorntjes in het gaas. Ik klom over het hek om het geitje los te maken, maar dat lukte niet. Toen vroeg mama; geef het maar even door aan de boer/ boerin, dan kijken ze zo wel even. Dus ik liep naar de melkstal waar ik tot mijn grote schrik................ een supergrote hond tegenkwam. De hond was verrast dat hij mij zag en kwam hard achter mij aan hollen. Ik zal u vertellen dat ik maar zelden zo hard gelopen heb!

Toen ik weer veilig bij mijn fiets was hebben we er heeéél hard om gelachen en de hond zat lekker achter het hek!!

Ik weet heel zeker dat ik geen schrijver word van beroep, want van deze verhalen schrijven / verzinnen hou ik niet!!!

Het is ook fijn om te weten wat je niet wilt.

In de inleiding ga ik iets vertellen over mijn onderwerp
mijn onderwerp gaat over de ambulance.
Ik heb dit onderwerp gekozen omdat ik ambulance een leuk en een interessante onderwerp vind
en ik wil hier veel over leren omdat ik
heel misschien wel ambulance wil worden.
En mensen helpen vind ik ook leuk .

'Heel misschien wil ik wel ambulance worden.'

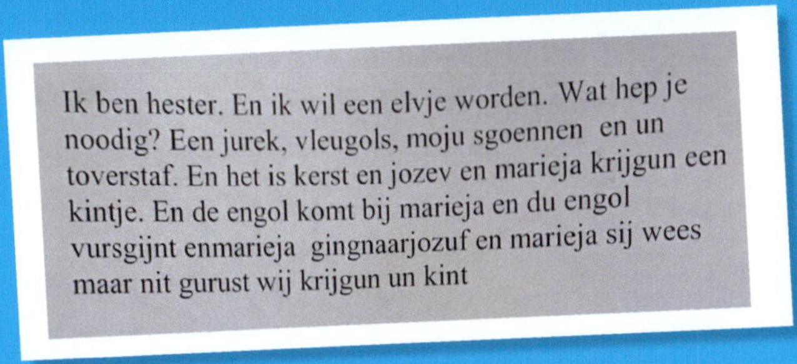

Ik ben hester. En ik wil een elvje worden. Wat hep je noodig? Een jurek, vleugols, moju sgoennen en un toverstaf. En het is kerst en jozev en marieja krijgun een kintje. En de engol komt bij marieja en du engol vursgijnt enmarieja gingnaarjozuf en marieja sij wees maar nit gurust wij krijgun un kint

Toen Hester 6 jaar was, had ze sprookjesachtige dromen.

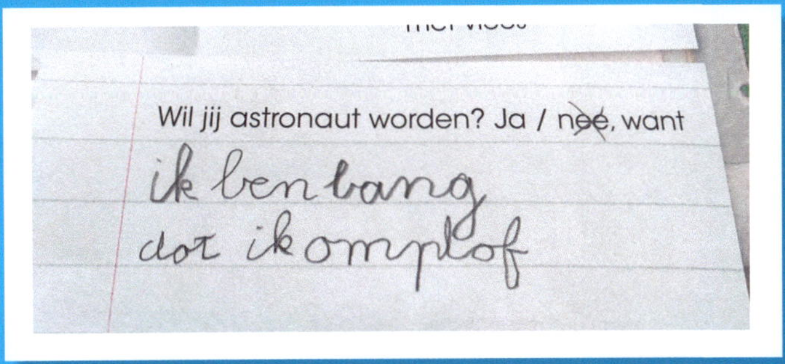

Daar zou ik ook bang voor zijn.

De zevenjarige Dietsen Vissers beeldt het beroep van zijn vader uit. Zelf wordt hij liever profvoetballer.

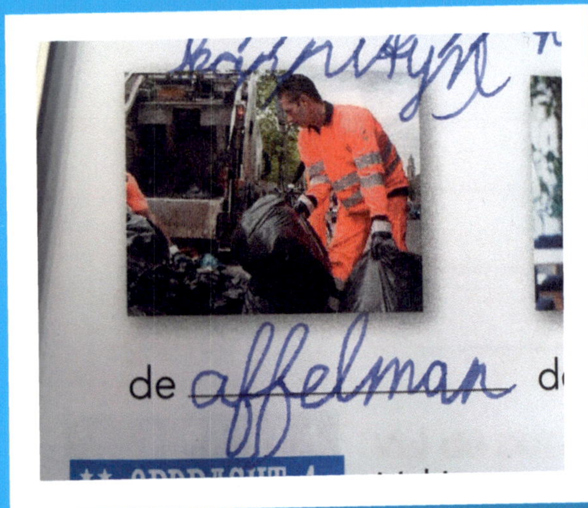

Een heel nuttig beroep!

‘Gelukkig hebben leerlingen alle tijd. Ze kunnen nog wel duizend keer iets anders bedenken.’

Het wordt druk op internet met al die joetjoepers.

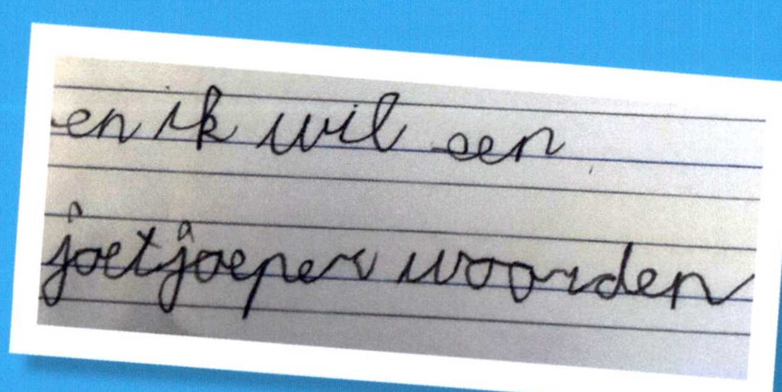

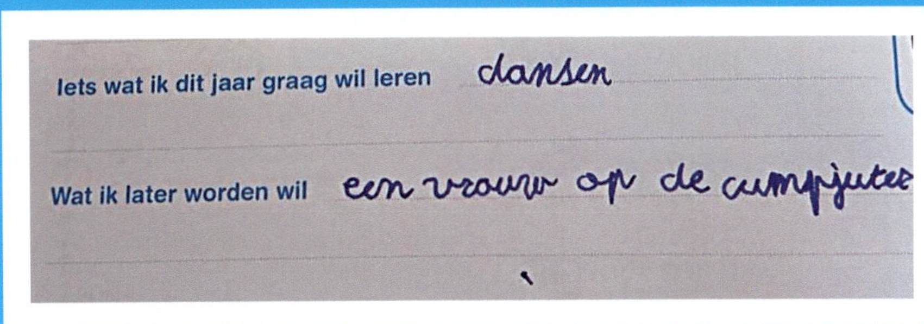

Een vrouw op de computer… dat klinkt mysterieus!

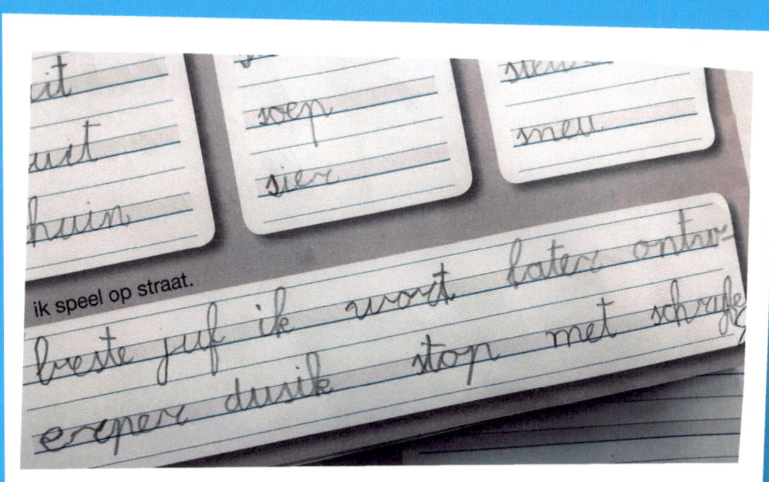

Duidelijke taal.

MEIKOL DJEKZEN

Ik moest het twee of drie keer lezen voordat het kwartje viel.

'Favoriete muziek: Hart kor.'

Hard wat?

Ah, wacht: deze leerling houdt van hardcore! Dat is een muziekstijl die bekend staat om zijn stevige deuntjes, met razendsnelle en knoerharde beats. Vast niet iedereen vrolijkt daarvan op. Maar zo blijkt maar weer: kinderen zijn niet voor één gat te vangen, ook niet als het gaat om hun lievelingsmuziek.

Toen ik op de basisschool zat, had ik een andere smaak. Van mijn zakgeld kocht ik cassettebandjes van A-ha en de Pet Shop Boys en voor mijn verjaardag kreeg ik een LP van Wham! En laat ik het maar gewoon toegeven, mijn eerste werkstuk ging over Madonna.

Ik hield van zingen. Onder de douche en bij een koor: Kinderen voor Kinderen.

Toen ik nog voor de klas stond en dat aan mijn leerlingen vertelde, keken ze me glazig aan.

Tja, mijn bekendste solo (Ochtendhumeur) doet alleen bij mensen van mijn eigen generatie misschien nog een belletje rinkelen.

De leerlingen van nu luisteren naar andere artiesten. Ed Sheeran (ook wel Etsjeren, of Etsjiwun genoemd) bijvoorbeeld. Of Lil' Kleine (Leeuw Klaaine) en Ariana Grande (Arie Jane Kwende).

Al is de jeugd van tegenwoordig mijn oude idolen niet helemaal vergeten. Eens in de zoveel tijd is er iemand die Mykoo Zeksen noemt als 'beste zanger'.

Wie?

Ik zal het iets makkelijker maken. Een andere leerling schreef de naam zo: Meikol Djekzen.

Spreek het rustig uit, en je begrijpt vast wie ik bedoel!

'Voor mij is deze muziek iets te heftig,' vertelt juf Aline Jonker. Maar haar leerling uit groep 5 zweert erbij.

Zanger Ed Sheeran is bij sommigen bekend onder een andere naam.

'Toets', staat er in het antwoordboek van groep 3. Maar dit is ook mooi bedacht.

Deze zanger herken je meteen aan zijn vertrouwde rode jasje.

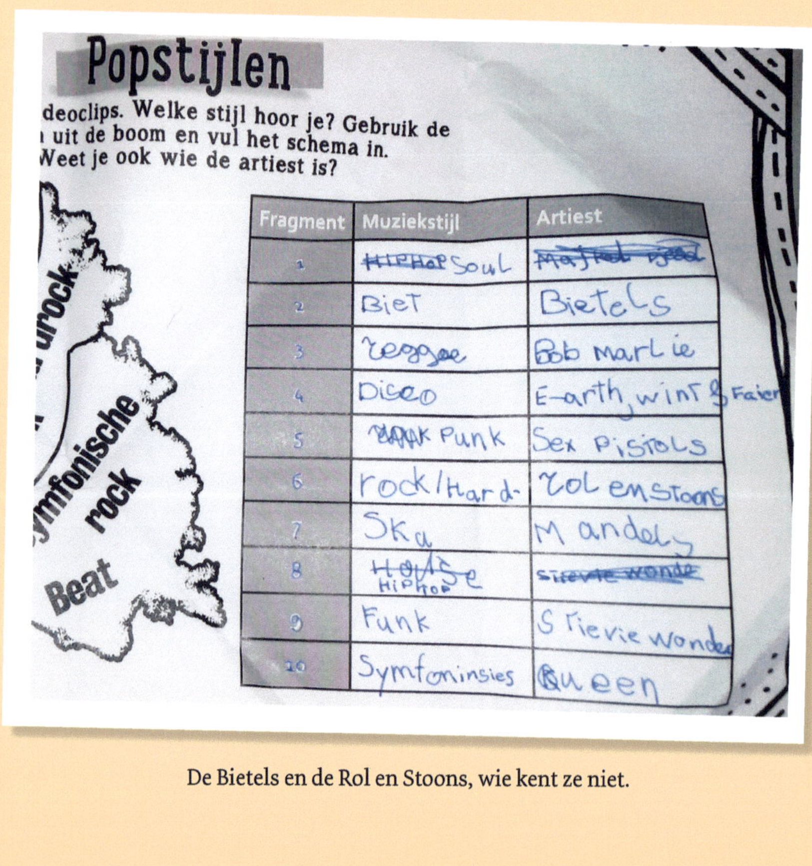

De Bietels en de Rol en Stoons, wie kent ze niet.

'Buig', was het woord dat werd gezocht. Maar dat kan Justin Bieber uiteraard als de beste!

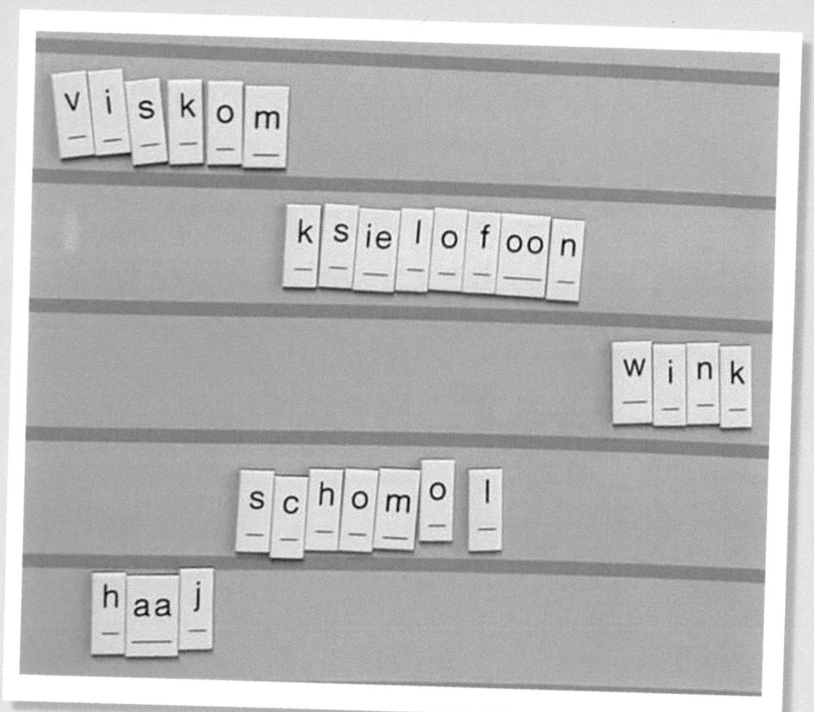

Geschreven door een leerling uit groep 2. Wat knap!

Geen koor, maar… een prachtige vondst van Dean (8 jaar)

'De jeugd van tegenwoordig is mijn oude idolen nog niet helemaal vergeten. Eens in de zoveel tijd noemt iemand Mykoo Zeksen als beste zanger.'

Floor (7) keek naar de tekenfilm Madagaskar waarin dit liedje te horen is. Daarna begon ze enthousiast te schrijven.

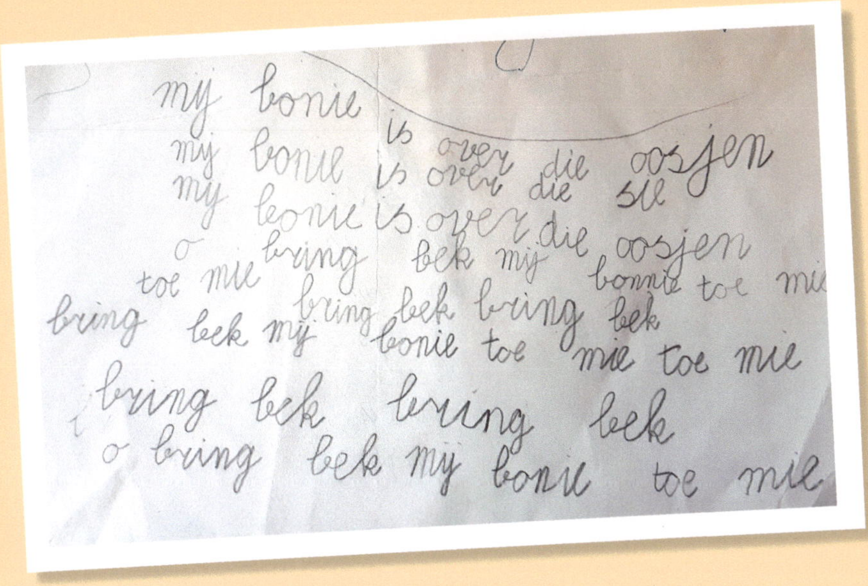

my bonie is over die oosjen
my bonie is over die sie
my bonie is over die oosjen
o bring bek my bonnie toe mie
toe mie
bring bek bring bek bring bek
my bonie toe mie toe mie
bring bek bring bek
o bring bek my bonie toe mie

‘My Bonnie is over the ocean.’
Lang geleden, toen ze nog een kind was, zong Simone Prud’homme dit liedje vaak met haar klasgenoten en schreef ze de tekst op dit oude briefje.

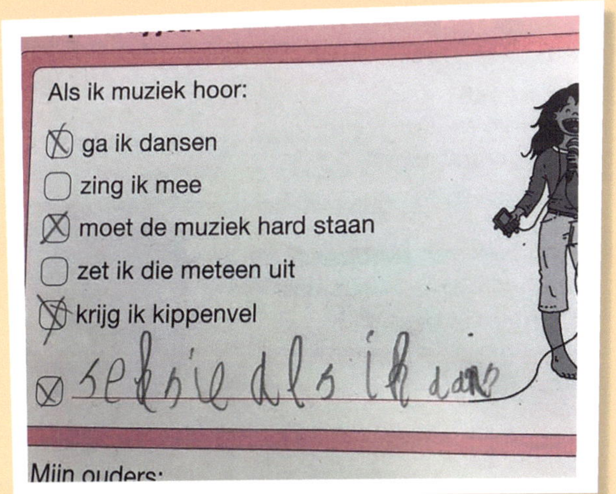

Als ik muziek hoor:
- [x] ga ik dansen
- [ ] zing ik mee
- [x] moet de muziek hard staan
- [ ] zet ik die meteen uit
- [x] krijg ik kippenvel
- [x] seksie als ik dans

Mijn ouders:

’Seksie als ik dans’. In groep 3 is deze hit van Nielson nog steeds bekend.

Hij maakte als kind ook deel uit van De Zeksen 5.

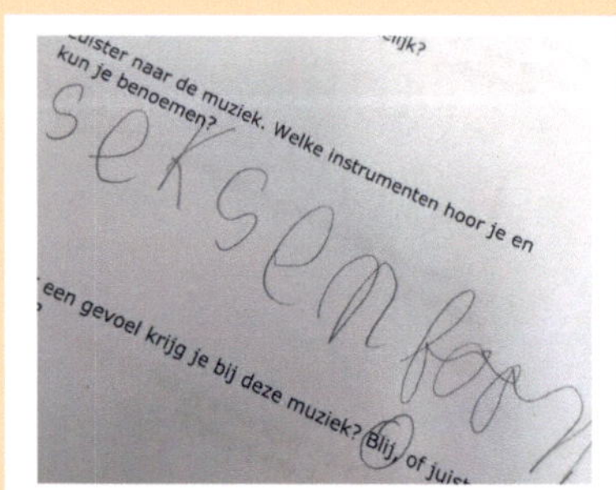

Ik vond het altijd al een zwoel instrument.

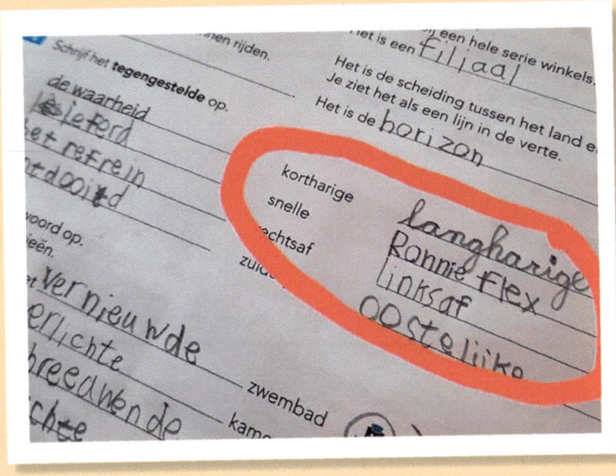

Ik weet niet of de rappers Snelle en Ronnie Flex het ermee eens zijn, maar deze leerling ziet hen als tegenpolen.

Voor Nola (6 jaar) is er maar één echte 'Maan'. Die staat niet aan de hemel, maar zingt haar favoriete liedjes.

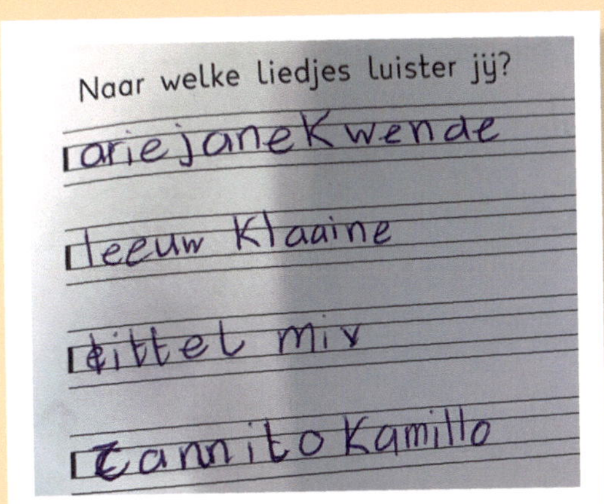

Voor wie er niet uitkomt zal ik het verklappen:

1. Ariana Grande
2. Lil' Kleine
3. Little Mix
4. Camila Cabello

BEDANKT

• • • • • • • • • • • • • • • • • •

DE TAALFOUTJES IN DIT BOEK ZIJN OPGESTUURD DOOR:

Maarten van den Akerboom, Liesbeth Akkerman, Esther Akkermans, Daniëlle Albert, Abigail Alijev, Agnes van As, Dorien Assen, Daan Bakarbessy, Annemarijne Bakker, Hilda Bakker, Naut Bakker, Yvonne Bartelds, Daniëlle Barten, Nesrin Belek, Maressa Benschop, Linsey van Bentem, Wendy Berends, Gea Bergsma, Niek Berkelder, Marijke Berkers, Laura Berkien, Ceciel Besjes, Annemieke van den Biggelaar, Patricia Bloemhard, Kristy Boeijkens, José Boelens, Rick Boer Rookhuizen, Annelous Borghols, Rachelle Boshuizen, Greetje Bosma, Wilma Bossen, Karin Bouman, Monique Bouwmeester, Hanneke Braspenning, Lydia den Braver, Marieke van Bree, Willemijn den Breems, Ranka Bregman, Joyce Bremmers, Kitty Breuer, Linda Budding, Lot Claus, Geertruud Clevering, Marit Cornet, Mieke Coumans, Inge Croese, Milou van Daalen, Monique Dam, Renee Damen, Nisha Danielle, Wendy Dankers, Kyra Debeaune, Sanne Dekker, Pieternelle Dermaut, Elif Didem, Lieke Diepstraten, Jente van Dijk, Kristel van Dijk, Isabelle Dokter, Maurits Dollekamp, Ilja Donders, Irene van Doornik, Marla Drenth, Niels Duifhuizen, Bram Eerden, Katja Elemans, Millie Elsen, Romy van der Ende, Marit Ensing, Juliette Erdbrink, Brenda van Essen, Annemarie Faber, Asma Farhane, Linda Floris, Linda Fürst, Karen de Gans, Annemarie van der Geer, Rosa van Geffen, Lies Geijsen, Jelle de Gier, Diane Goosensen, Carlijn Goossen, Janneke van Gorp, Job de Graaf, Jeanine van de Griek, Hester Groeneveld, Kirsten Groen in 't Wout, Carola de Groot, Inge Groot, Bianca van der Gun, Nathalie de Haan, Sanne de Haan, Britt Hagendoorn, Judith Hakse, Marga van Halteren, Niske Hans, Gonda Hardeman, Diana Harms, Danique van Hassel, Yentl Haster, Lonneke Heere, Amber Anne Heerschop, Inge van Hees, Simone Heijmans, Simone van den Helm, Ferdie Hendriks, Ineke Hendriksen, Joy Hersevoort,